Mocek | Martin Luther King. 100 Seiten

* Reclam 100 Seiten *

CLAUDIA MOCEK, geb. 1971, ist promovierte Historikerin und Journalistin.

Claudia Mocek

Martin Luther King. 100 Seiten

Reclam

2018 Philipp Reclam jun. Verlag GmbH,
Siemensstraße 32, 71254 Ditzingen
Umschlaggestaltung nach einem Konzept von zero-media.net
Infografik (S. 12 f.): Infographics Group GmbH
Bildnachweis: S. 35 picture alliance / AP Images; S. 43 picture alliance / AP Images / Gene Herrick; S. 69, 77 picture alliance / AP Photo
Druck und Bindung: Canon Deutschland Business Services GmbH,
Siemensstraße 32, 71254 Ditzingen
Printed in Germany 2018
RECLAM ist eine eingetragene Marke
der Philipp Reclam jun. GmbH & Co. KG, Stuttgart
ISBN 978-3-15-020456-6

Auch als E-Book erhältlich

www.reclam.de

Für mehr Informationen zur 100-Seiten-Reihe:
www.reclam.de/100Seiten

Inhalt

Nicht gut genug

»In Beyoncés Bauch sind mehr Schwarze als in Trumps Kabinett.« Dieser Witz machte die Runde, nachdem die Popsängerin im Februar 2017 bekanntgab, mit Zwillingen schwanger zu sein. Doch tatsächlich war das gar kein Witz: Bis auf eine Ausnahme, den Stadtentwicklungsminister Ben Carson, spielten Afroamerikaner in der damals gerade neu gewählten amerikanischen Regierung keine Rolle. Und das, nachdem mit Barack Obama der erste schwarze Präsident die Nation für zwei Amtsperioden (2009–2017) angeführt hatte. Nach der Amtsübernahme von Donald Trump muss wohl eingesehen werden: Martin Luther King und sein politisches Engagement gegen Rassismus sind aktueller denn je. Denn es ist zu befürchten, dass die Politik der republikanischen Regierung um den Multimilliardär Trump, die das Weißsein zur Norm erklärt hat, dramatische gesellschaftliche Folgen haben wird. Vorausgesetzt, er hält überhaupt eine Amtszeit durch. Als dieses Buch entstand, war Trump erst wenige Wochen im Amt, doch aufgrund seiner zahlreichen umstrittenen Verordnungen und Entscheidungen wurden vermehrt Stimmen laut, die ein Amtsenthebungsverfahren forderten. Ein Beispiel: Als die demokratische Senatorin Elizabeth Warren laut CNN-Bericht (http://cnn.it/2loftZE) am 8. Februar 2017 im US-Senat einen Brief von Coretta Scott King, der Witwe Martin Luther Kings, vorlesen wollte, wurde sie mit einem Redeverbot belegt und gerügt. Warren hatte nämlich Kritik am designierten Justizminister Jeff Sessions geübt, der schon früher wegen seiner rassistischen Ansichten in die Schlagzeilen geraten war.

1986 hatte sich Coretta Scott King in einem Schreiben gegen die Bestätigung von Sessions als Bundesrichter ausgesprochen. »Herr Sessions hat die ehrfurchtgebietende Macht seines Amtes für einen schäbigen Versuch genutzt, ältere schwarze Wähler einzuschüchtern und ihnen Angst einzujagen«, schrieb sie. Seine Ernennung zum Bundesrichter würde »die Arbeit meines Mannes irreparabel beschädigen«. Der Senat verweigerte Sessions damals den Posten als Bundesrichter wegen abschätziger Äußerungen über Schwarze sowie wegen einer Bemerkung, die als Sympathiebekundung für den rassistischen Ku-Klux-Klan gedeutet werden konnte.

Heute weht in den USA ein anderer Wind. Selbst ungeachtet der Proteste der ältesten schwarzen Bürgerrechtsorganisation, der *National Association for the Advancement of Colored People* (NAACP), wurde Sessions zum Justizminister ernannt. Um die jüngsten politischen Entwicklungen in ihrer gesellschaftlichen Brisanz besser einordnen zu können, ist es 50 Jahre nach der Ermordung Martin Luther Kings dringlicher denn je, sich mit seinem Leben, seinem Engagement als Bürgerrechtler und seinem politischen Erbe zu beschäftigen. Martin Luther King hatte zwei Vorbilder: Jesus und Mahatma Gandhi. Er kämpfte gewaltlos gegen den Rassismus. Er traf sich zu Gesprächen mit Präsidenten, Gelehrten und Kirchenoberhäuptern. Doch jeden Augenblick konnte es ihm passieren, dass er als »Nigger« beschimpft oder als Kunde in einem Geschäft nicht bedient wurde.

Am 12. März 1968 schickte der Bürgerrechtler seiner Frau rote Nelken. Sie war überrascht, der Strauß war schön – aber es waren Kunstnelken. Solche Blumen hatte sie von ihm noch nie bekommen. »Ich wollte dir etwas schenken, was du immer behalten kannst«, erklärte King. Es sollten die letzten Blumen sein, die sie von ihrem Mann bekam. »Irgendwie schien er geahnt zu haben, dass sie nicht verwelken dürfen«, erinnert sich Coretta Scott King später. Nur wenige Wochen darauf, am 4. April, wurde der schwarze Bürgerrechtler auf dem Balkon eines Hotels in Memphis erschossen. Der Vater von vier Kindern wurde nur 39 Jahre alt.

Kann ein Mensch seinen eigenen Tod ahnen? Schon kurz nach der Ermordung von US-Präsident John F. Kennedy 1963 hatte King seiner Frau prophezeit, dass auch er bei einem Attentat sterben werde – und dass er nicht älter als 40 Jahre werden würde. Er sollte recht bekommen.

Zwei Monate vor seiner Ermordung hatte er erneut von seinem Tod gesprochen, diesmal vor seiner Heimatgemeinde, der Ebenezer Baptist Church in Atlanta:

> Hin und wieder denke auch ich an meinen Tod, und ich denke an meine Beerdigung […]. Ich möchte keine lange Beerdigung. Und wenn ihr jemanden die Grabrede halten lasst, sagt, sie sollen nicht zu lange reden […]. Sagt ihnen, sie sollen nicht erwähnen, dass ich den Friedensnobelpreis erhielt. Das ist nicht wichtig. Sagt ihnen, sie sollen nicht erwähnen, dass ich 300 oder 400 Auszeichnungen habe. Das ist nicht wichtig. Sagt ihnen, sie sollen nicht erwähnen, wo ich zur Schule ging. Das ist nicht wichtig. […] Ich möchte, dass jemand an jenem Tag sagt: ›Martin Luther King jr. versuchte mit seinem Leben anderen zu dienen.‹ Ich möchte,

dass jemand an jenem Tag sagt: ›Martin Luther King versuchte, Liebe zu üben.‹ Ich möchte, dass ihr an jenem Tag sagt, dass ich versuchte, in der Kriegsfrage auf der richtigen Seite zu stehen. Ich möchte, dass ihr an jenem Tag sagen könnt, ich versuchte die Hungrigen zu speisen. [...] Ich möchte, dass ihr sagt, ich versuchte, die Menschheit zu lieben und ihr zu dienen.

Mit diesen Sätzen fasste er zusammen, was sein Leben vor allem bestimmt hat: Der charismatische Baptistenpfarrer hatte fast 13 Jahre lang gegen den Rassismus in den USA gekämpft. Er hatte sich für soziale und wirtschaftliche Gerechtigkeit eingesetzt, war gegen den Vietnamkrieg eingetreten und hatte sich für den weltweiten Frieden stark gemacht. Seine Ermordung löste überall auf der Welt Entsetzen aus und machte den begnadeten Redner so populär wie nie zuvor.

Als 18 Jahre später, am 20. Januar 1986, der erste nationale Martin Luther King Day in den USA gefeiert wurde, zogen Hunderttausende durch Atlanta und andere Städte. Ich war damals 15 Jahre alt und hörte die Geschichte des gewaltlosen Kämpfers für Gerechtigkeit zum ersten Mal. Gewaltlos kämpfen? Wie soll das gehen? Ich sah einen ernst dreinblickenden Mann mit hoher Stirn und akkurat geschnittenem Schnauzer in einem eleganten dunklen Anzug, der als »moralischer Anführer der Nation« angekündigt wurde. Im Radio wurde ein Tonband mit Kings berühmter »I have a dream«-Rede gesendet. Die einfache, klare Sprache, die modulierende, eindringliche Stimme lösten bei mir sofort ein Schaudern aus. Ich wollte mehr über diesen Mann erfahren.

In unserer kleinen Stadtteilbücherei in Bochum-Werne entdeckte ich eine schmale Biografie über Martin Luther King.

Das King Center

Das King Center in Atlanta lädt Besucher dazu ein, die eigenen Träume auf seiner Website zu veröffentlichen. Über 4600 Besucher haben sich an der kostenlosen Aktion schon beteiligt: www.thekingcenter.org/dreams/map

Ich informierte mich über den Sklavenhandel in den USA, die Rassentrennung und die Bereitschaft des schwarzen Bürgerrechtlers, für seine Überzeugung nicht nur immer wieder ins Gefängnis zu gehen, sondern sogar dafür zu sterben. Besonders beeindruckten mich die mutigen Kinder und Jugendlichen, die in Birmingham gemeinsam mit ihm für ihre Rechte auf die Straße gingen und dabei durch Wasserwerfer und Polizeiwillkür verletzt wurden. Der Verfasser der Biografie ließ keinen Zweifel daran: Martin Luther King war der strahlende Held, der den Schwarzen in Amerika zu ihrem Recht verhalf. Ein Symbol für das Gute in der Welt. Längst war auch ich seine Anhängerin geworden.

Einige Jahre später stieß ich während des Studiums auf wissenschaftliche Abhandlungen über King. Statt die Galionsfigur der Bürgerrechtsbewegung zu bejubeln, analysierten die deutschen und amerikanischen Geschichtswissenschaftler nüchtern dessen Reden, beleuchteten sein Verhältnis zum FBI und fragten nach seinen außerehelichen Affären. Zunächst war ich enttäuscht: Wo war der strahlende Held meiner Jugend geblieben, der die Massen begeisterte und so viel erreichte? Mussten Historiker alles relativieren?

Doch dann verstand ich, dass eine kritische Betrachtung der Vergangenheit nicht bedeutet, den Erfolg zu schmälern. Im

Gegenteil. Eine realistische Einschätzung ist nötig, um die Leistungen einer Persönlichkeit bewerten zu können. Was wollte King erreichen, und inwieweit war ihm das tatsächlich unter seinen Lebensumständen gelungen? Wo verhinderten andere seinen Erfolg, und wo stand er sich selbst im Weg? Der Held meiner Jugend ist dadurch greifbarer und menschlicher geworden. Denn seine eigenen Bücher, die Autobiografie seiner Frau Coretta Scott King und die seines Vaters, die Bild- und Tondokumente stellten weitere Quellen dar, die nach Interpretationen verlangten. Die Sicht, die ich heute auf Martin Luther King habe, ist eine ganz andere als die meiner Jugend. Sie zeigt immer noch einen beeindruckenden Menschen; aber einen mit Schwächen. Und dass ich bei manchen seiner Reden immer noch eine Gänsehaut bekomme, daran hat auch der kritischere Blick nichts geändert.

Mein Buch möchte dazu einladen, eine Schlüsselfigur der Bürgerrechtsbewegung 50 Jahre nach ihrem Tod neu kennenzulernen und sich ein differenziertes Bild von dem Mann zu verschaffen, der sich schon als Jugendlicher gern elegant kleidete und als junger Mann auf eine sorgfältige Maniküre achtete. Der Bücher schrieb, um Geld für die politische Bewegung zu sammeln, der er sich sein ganzes Leben lang widmen sollte. Der kurz nach der Verleihung des Friedensnobelpreises ins Gefängnis ging, gern Soulfood aß und ganz passabel singen konnte. Der ungern zu spät kam oder lauthals lachte – weil er auf keinen Fall das Klischee des dummen Schwarzen bedienen wollte.

Das Buch folgt Kings Leben und der breiten Bürgerrechtsbewegung in den USA hauptsächlich chronologisch. Dabei werden die Begriffe »Schwarze« und »Afroamerikaner« synonym benutzt – obwohl sie nicht bedeutungsgleich sind. Der abwertende Begriff »Neger« taucht nur in Zitaten auf. Wenn im Folgenden von »Rassismus« die Rede ist, ist damit nicht nur die Ideologie im engeren Sinne gemeint, die davon ausgeht, dass eine ethnische Gruppe von Natur aus minderwertig und eine andere Gruppe dieser überlegen sei. Der Begriff beschreibt auch die diskriminierenden gesellschaftlichen Folgen dieser theoretischen Annahme, die fälschlicherweise von biologischen Unterschieden ausgeht. »Die Wahrheit ist«, schreibt der Genetiker Luca Cavalli-Sforza 1995, »dass es keinen Hinweis auf eine biologische Überlegenheit irgendeiner wie auch immer definierten Rasse gibt. Es gibt einige oberflächliche Unterschiede wie Hautfarbe und Körperbau. Sie sind auffällig, und wir nehmen von ihnen Notiz. Dies führt uns in die Irre, denn wir nehmen an, dass Rassen sich voneinander unterscheiden. Sie tun das nicht, wenn wir unter die Haut blicken.« Wie Norbert Finzsch und andere Wissenschaftler gehe ich von der wissenschaftlichen Erkenntnis aus, dass »das Konzept Rasse ein gesellschaftliches Konstrukt ist. Eine ›wesensmäßige‹ biologische Differenz zwischen ›weißen‹ und ›schwarzen‹ Menschen gibt es nicht.«

In diesem Buch möchte ich Antworten auf folgende Fragen geben: Wie kam Martin Luther King dazu, sich für Bürgerrechte einzusetzen? Wie sah die Welt der Schwarzen in den USA damals aus? Welche theologisch-philosophischen Einflüsse waren für King von Bedeutung? Was waren seine größten Erfolge, was seine größten Niederlagen? Welche Rolle spielten die Medien? Wie agierte der Ehemann und Vater Martin Luther King? Wer waren die anderen Akteure der Bürgerrechtsbewegung? Wie sah seine Methode des gewaltlosen Kampfs aus, wodurch unterschied sie sich von derjenigen Mahatma Gandhis? Wo war er ein Kind seiner Zeit, und wo wies er darüber hinaus? Wurde er von einem Einzeltäter erschossen, oder war die Tat das Ergebnis einer Verschwörung? Was blieb nach seinem Tod von seinem Lebenswerk übrig?

Dass es in Sachen Bürgerrechte in den USA noch viel zu tun gibt, darauf hat auch schon Barack Obama vor einigen Jahren hingewiesen. Bei seiner Präsidentschaftskandidatur nahm er direkten Bezug auf Kings Engagement. Ein Poster zeigte den späteren Präsidenten mit dem Porträt des Bürgerrechtlers im Hintergrund. Dieser Bezug weist nicht nur in die Vergangenheit, er weist auch in die Zukunft: Die Beziehungen zwischen Schwarzen und Weißen sind seit den 1960er Jahren besser geworden – »aber nicht gut genug«, wie Obama betonte. Rassenunruhen, Fremdenfeindlichkeit und der alltägliche Rassismus sind noch immer nicht verschwunden. Im Gegenteil. Dass in den USA jemand wie Donald Trump zum Präsidenten gewählt wurde, lässt schlimme Entwicklungen befürchten. Martin Luther Kings Traum ist noch längst nicht Wirklichkeit geworden.

Geschichte der Schwarzen in Nordamerika

Wer das Leben von Martin Luther King verstehen will, muss einen Blick weiter zurück in die Vergangenheit werfen. Denn die Geschichte der Schwarzen in Nordamerika begann bereits mit der Gründung und Besiedlung der britischen und französischen Kolonien auf dem amerikanischen Kontinent. Sklaven aus Afrika wurden schon seit dem 17. Jahrhundert unter qualvollen Bedingungen auf Schiffen hierher verschleppt – vor allem als billige Arbeitskräfte für die Plantagen im Süden und Westen.

In der Neuen Welt galt ein Sklave nicht als Mensch, sondern als käufliche Ware. Er durfte über keinen eigenen Besitz verfügen, und im Alltag waren gewaltsame Übergriffe an der Tagesordnung. Die Gefahr, vom Besitzer weiterverkauft oder gar getötet zu werden, war enorm.

Als Thomas Jefferson 1776 mit der Unabhängigkeitserklärung die Gründungsurkunde der USA unterzeichnete, lebten fast eine halbe Million Sklaven in Amerika. In den nördlichen Bundesstaaten, wo sie nicht die gleiche wirtschaftliche Bedeutung erlangt hatte wie im agrarisch geprägten Süden, begann man, die Sklaverei abzuschaffen. Ein Prozess, der erst 1865 zu Ende ging. Im Süden jedoch war der Wirtschaftserfolg eng mit dem Sklavensystem verwoben. Und obwohl dort inzwischen mehr als vier Millionen Afroamerikaner lebten, wollten die Weißen ihr vermeintliches Recht auf Oberherrschaft nicht aufgeben.

Noch 1857 hatte der Oberste Gerichtshof entschieden, dass Schwarze weder Bürger der USA seien noch Rechte besäßen, die ein Weißer respektieren müsse. Gegen diese grausamen Lebensbedingungen lehnten sich immer wieder Sklaven auf, vor allem im Süden kam es zu verschiedenen Aufständen: Gabriel, Denmark Vesey und Nat Turner gingen dabei in die Geschichte als Vorkämpfer der afroamerikanischen Befreiungsbewegung ein. Sie waren es, die sich gewaltsam aus der Unterdrückung befreien wollten. Doch nach ersten Erfolgen wurden sie verraten und brutal ermordet.

Am 12. April 1861 mündete die wirtschaftliche, soziale und politische Spaltung des Landes in einen Bürgerkrieg. Im Sezessionskrieg kämpften die in der Union vereinten Nordstaaten vier Jahre lang gegen die Truppen der konföderierten Staaten aus dem Süden. Schließlich kapitulierten die Südstaaten. In der sich anschließenden Phase des Wiederaufbaus (*Reconstruction*) wurden sie erneut in die Union der Vereinigten Staaten aufgenommen.

Fast 250 Jahre nach Ankunft der ersten afrikanischen Sklaven wurde am 18. Dezember 1865 mit dem 13. Verfassungszusatz die Sklaverei abgeschafft. Der 14. und 15. Zusatzartikel sicherten den Befreiten 1868 und 1870 die Bürger- und Wahlrechte zu. Für Afroamerikaner schien nun eine echte gesellschaftliche und politische Teilhabe möglich: Der Kongress stand in diesen Jahren unter dem Einfluss derjenigen, die sich für eine Gleichberechtigung einsetzten. Im Süden sorgten Unionstruppen für die Einhaltung der neuen Gesetze. Zum ersten Mal wurden zwei Schwarze von den Parlamenten der Bundesstaaten in den Senat entsendet, in South Carolina bestand sogar die Mehrheit der Parlamentsabgeordneten aus Afroamerikanern. 1870 trat mit Hiram Rhoades Revels aus Mississippi der erste schwarze Kongressabgeordnete sein Amt an, ihm folgten bald 15 weitere Amtskollegen. Doch weiße Rassisten aus dem Süden sorgten dafür, dass die Rassentrennung aufrechterhalten wurde.

Ein Pachtsystem (*Sharecropping*) wurde installiert, das die Sklaven von einst wirtschaftlich weiterhin an die weiße Oberschicht band. Gegen einen Anteil der Ernte pachteten schwarze Familien ein kleines Stück Land, um es zu bewirtschaften. Doch das ausgeklügelte System, das auch Abgaben für die Nutzung von Werkzeugen und anderem Material vorschrieb, führte dazu, dass die Pächter dem Landbesitzer bald weitaus mehr schuldeten, als sie ihm jemals zurückzahlen konnten.

Auch die Trennung nach Hautfarbe wurde vor allem im Süden in allen Bereichen des öffentlichen Lebens beibehalten. In Schulen, Bussen und Zügen, in Krankenhäusern, Gefängnissen und Restaurants gab es für Afroamerikaner separate Eingänge und Abteilungen. Die Vorschrift, dass Zeugen bei gerichtlichen Vereidigungen auf verschiedene Bibeln schwören mussten, führte dem Historiker Tobias Dietrich zufolge »die Segregation ad absurdum«. Während die Schwarzen sozial, politisch und rechtlich benachteiligt wurden, konnten die Weißen ihre vermeintliche Überlegenheit im öffentlichen Raum demonstrieren.

Sicherten die Verfassungszusätze den Afroamerikanern theoretisch die Grundrechte zu, sorgten Rassisten auf perfide Weise dafür, dass diese im Alltag stark beschnitten wurden: Beim Wahlrecht führten die Südstaaten zum Beispiel die soge-

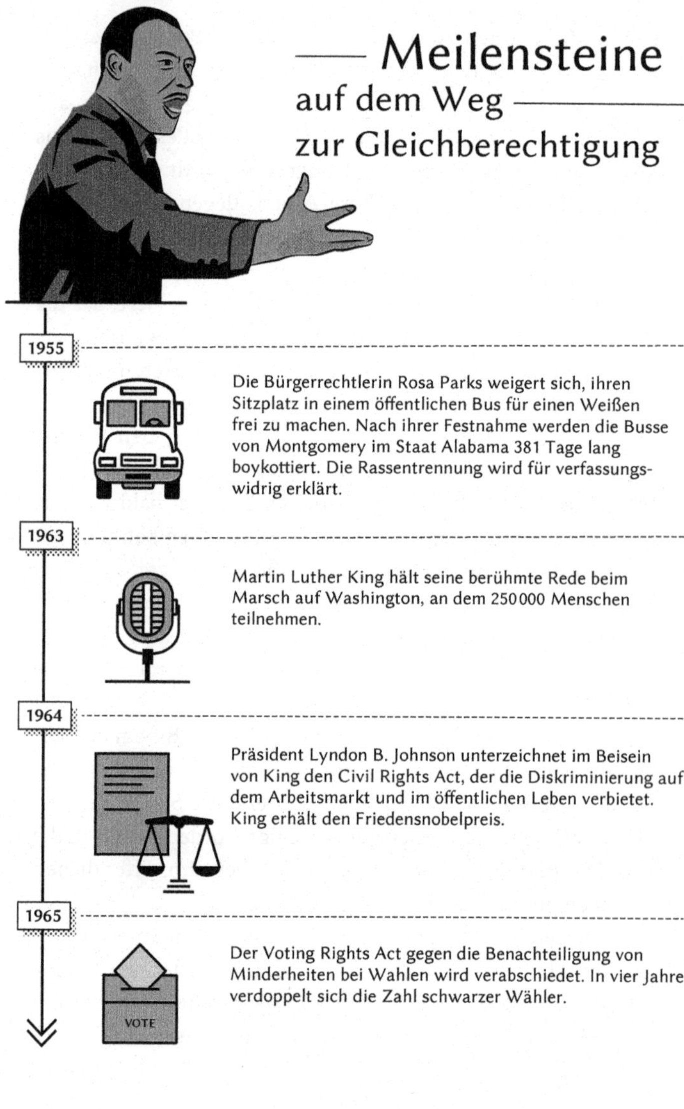

Meilensteine auf dem Weg zur Gleichberechtigung

1955

Die Bürgerrechtlerin Rosa Parks weigert sich, ihren Sitzplatz in einem öffentlichen Bus für einen Weißen frei zu machen. Nach ihrer Festnahme werden die Busse von Montgomery im Staat Alabama 381 Tage lang boykottiert. Die Rassentrennung wird für verfassungswidrig erklärt.

1963

Martin Luther King hält seine berühmte Rede beim Marsch auf Washington, an dem 250000 Menschen teilnehmen.

1964

Präsident Lyndon B. Johnson unterzeichnet im Beisein von King den Civil Rights Act, der die Diskriminierung auf dem Arbeitsmarkt und im öffentlichen Leben verbietet. King erhält den Friedensnobelpreis.

1965

Der Voting Rights Act gegen die Benachteiligung von Minderheiten bei Wahlen wird verabschiedet. In vier Jahren verdoppelt sich die Zahl schwarzer Wähler.

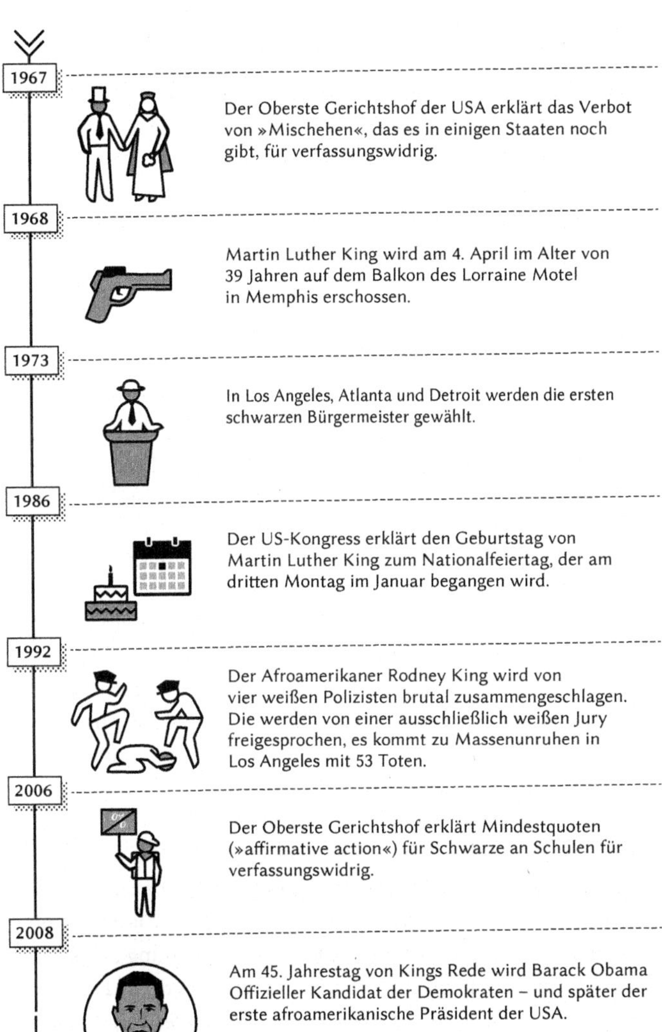

1967

Der Oberste Gerichtshof der USA erklärt das Verbot von »Mischehen«, das es in einigen Staaten noch gibt, für verfassungswidrig.

1968

Martin Luther King wird am 4. April im Alter von 39 Jahren auf dem Balkon des Lorraine Motel in Memphis erschossen.

1973

In Los Angeles, Atlanta und Detroit werden die ersten schwarzen Bürgermeister gewählt.

1986

Der US-Kongress erklärt den Geburtstag von Martin Luther King zum Nationalfeiertag, der am dritten Montag im Januar begangen wird.

1992

Der Afroamerikaner Rodney King wird von vier weißen Polizisten brutal zusammengeschlagen. Die werden von einer ausschließlich weißen Jury freigesprochen, es kommt zu Massenunruhen in Los Angeles mit 53 Toten.

2006

Der Oberste Gerichtshof erklärt Mindestquoten (»affirmative action«) für Schwarze an Schulen für verfassungswidrig.

2008

Am 45. Jahrestag von Kings Rede wird Barack Obama Offizieller Kandidat der Demokraten – und später der erste afroamerikanische Präsident der USA.

nannte Großvaterklausel ein. Abstimmen durften danach nur noch diejenigen, deren Vorfahren bereits ihre Stimmen hatten abgeben dürfen. In Alabama schrieb die Verfassung noch bis 1945 vor, dass alle, die sich als Wähler registrieren lassen wollten, ihre Lese- und Schreibfähigkeit nachweisen mussten. Außerdem konnte man von ihnen verlangen, sämtliche Artikel der amerikanischen Verfassung zu erläutern. Nachweise, die man in erster Linie von Schwarzen verlangte. Verständlicherweise scheuten sich daher viele von ihnen, sich überhaupt in die Wählerlisten eintragen zu lassen.

In der Politik hatte sich der Wind mit dem Ende der *Reconstruction*-Phase 1876 gedreht. Die Befürworter der Gleichberechtigung im Kongress hatten ihre Mehrheit eingebüßt, und George White, der vorerst letzte schwarze Kongressabgeordnete, verlor sein Amt mit der Jahrhundertwende.

Eine neue Form gesellschaftlicher Diskriminierung breitete sich aus: Der Jim-Crow-Rassismus, der mit gewaltsamen und erniedrigenden Mitteln die früheren Sklaven gesellschaftlich unterordnete. Die Bezeichnung »Jim Crow« geht auf den Komiker Thomas D. Rice zurück, der in seiner Show mit schwarzgeschminktem Gesicht das Klischee des tanzenden und singenden, dümmlich-unterwürfigen Schwarzen (»Jim Crow«) vorführte und sich über ihn lustig machte.

Alle zwischen 1876 und 1964 erlassenen Gesetze, die eine Rassentrennung zwischen Schwarzen und Weißen vorschrieben, werden noch heute als Jim-Crow-Gesetze bezeichnet. So fällte der Oberste Gerichtshof Ende des 19. Jahrhunderts ein Urteil, das die Befürworter der Rassentrennung erheblich stärkte: Im Fall Plessy gegen Ferguson ging es um die Frage, ob nach Hautfarbe getrennte Eisenbahnabteile verfassungskonform seien. Dies sei zulässig, entschieden die Richter, wenn die Einrichtungen für Weiße und Schwarze gleichwertig sind. Fatalerweise prüfte das Gericht jedoch nirgends die Qualität der Abteile, der Schulen oder Wohnviertel für Schwarze. Und so blieben Mangel an Bildungsmöglichkeiten, Armut und politische Entmündigung für Afroamerikaner die Normalität. Der Grundsatz des Gerichtshofs, *separate but equal* (»getrennt, aber gleich«), bildete die Basis für zahllose weitere diskriminierende Vorgaben.

Mit dem Ku-Klux-Klan war 1867 eine skrupellose Geheimorganisation entstanden, die mit Vergewaltigungen, Überfällen, Verstümmelungen und Mord Angst unter den Schwarzen verbreitete. Zu Beginn des 20. Jahrhunderts verstärkten die Schlägertrupps, denen auch zahlreiche Ärzte und Anwälte angehörten, ihren Terror. Viele Afroamerikaner flohen in den Norden. »Die Lebensbedingungen waren zum Teil härter als die der Sklaven vor 1860«, urteilt der Journalist und Schriftsteller Douglas A. Blackmon.

Während der Rassismus im Süden offen ausgelebt wurde, zeigte sich die Diskriminierung im Norden etwas verdeckter. Die massenhafte Flucht der Menschen vor dem Ku-Klux-Klan zog hier einen Lohnverfall unter den Arbeitskräften nach sich. Viele Schwarze lebten daher in großer Armut in Ghettos. Manche von ihnen wurden zu Anhängern des sogenannten schwarzen Nationalismus. Diese Bewegung strebte langfristig eine kollektive Auswanderung nach Afrika an. Ein anderer Teil der schwarzen Bevölkerung verfiel in Agonie und hoffte darauf, dass sich die Lebensumstände von allein bessern würden.

Eine Hoffnung, die der Philosoph, Journalist und Soziologe William Edward Burghardt Du Bois nicht teilte. Er war davon überzeugt, dass die herrschende Rasse ihre Macht niemals freiwillig abgeben würde. Aus ersten mutigen, sich für Emanzipation und Gleichberechtigung einsetzenden Interessengruppen gründete er 1905 die Niagara-Bewegung. Darin forderten über 30 Schwarze die vollen Freiheiten, das Ende der rassistischen Diskriminierung und die vollständige »Anerkennung der Bande, die alle Menschen verbinden«.

Vier Jahre später protestierten 60 Amerikaner mit ihrer Unterschrift gegen die Jim-Crow-Gesetzgebung – die Gruppe bildete später den Kern der *National Association for the Advancement of Colored People* (NAACP), der ersten nationalen Bürgerrechtsbewegung, die bis heute existiert. Der Verband konzentrierte sich zunächst auf die Aufklärungsarbeit und das Erstreiten von Gleichberechtigung vor Gericht. Du Bois wollte darüber hinaus aus begabten Schwarzen eine Bildungselite formen, die sich wiederum für bürgerliche Freiheiten und ein Ende des Rassismus und der Diskriminierung engagieren sollte. Während des Ersten Weltkriegs setzte sich Du Bois dafür ein, dass auch Schwarze gleichberechtigt neben Weißen als Soldaten kämpfen durften. Nach dem Krieg trat die NAACP erfolgreich gegen die Lynchjustiz ein und für die Integration an Schulen.

Auch Familie King war eng mit der NAACP verbunden: Schon Martin Luther Kings Großvater James Albert King und auch sein Vater Martin Luther King senior waren Mitglieder in dem Verband.

Familie King

Zwei rote Fäden ziehen sich durch die Geschichte der Familie King: das Engagement in Bürgerrechtsfragen und die enge Verbindung zur Baptistengemeinde der Ebenezer-Kirche in Atlanta.

Die Großeltern väterlicherseits, James Albert und Delia King, wurden auf einer Baumwollplantage in Stockbridge nahe Atlanta geboren. Das Ehepaar, das als Pächter lebenslang Kredite an Großgrundbesitzer abzahlen musste – ein verheerendes ökonomisches Zwangssystem für die kapitalschwachen Schwarzen –, bekam zehn Kinder. Martin Luther King senior war das zweitälteste. Geboren am 19. Dezember 1899, erlebte er als Junge die blutigen Auseinandersetzungen in Atlanta, bei denen Weiße zehn Schwarze töteten. Die Tat, bei der auch zwei Weiße ums Leben kamen, wurde – wie viele andere auch – vor Gericht nie geahndet. Auch hinterließen die gewalttätigen Aktionen des Ku-Klux-Klans bei King senior einen unauslöschlichen Eindruck.

Als Zwölfjähriger protestierte er lautstark, als sein Vater beim Baumwollverkauf betrogen werden sollte. Der Vater erhielt daraufhin zwar den korrekten Betrag ausbezahlt, doch die Familie wurde von ihrem Pachtland vertrieben. Großvater

James Albert ertrug die Ungerechtigkeit nur schwer, betrank sich oft und schlug dann seine Frau. Der 15-jährige Martin Luther King senior stellte sich mehrfach schützend vor seine Mutter.

Mit 16 Jahren arbeitete Daddy King, wie er später liebevoll gerufen wurde, als Hilfsarbeiter bei einem Automechaniker. Dann wechselte er zur Eisenbahn und verdiente sein Geld als Heizer. Er absolvierte die Abendschule, um Baptistenprediger zu werden. Wie später sein Sohn Martin Luther King junior besuchte auch er das Morehouse College in Atlanta. In dieser Zeit lernte Daddy King seine spätere Frau Alberta Williams kennen, die in Virginia studierte, um Lehrerin zu werden. Das Paar heiratete am 25. November 1926. Ein Jahr später kommt im September Tochter Christine zur Welt.

Am 15. Januar 1929 wird Martin Luther King junior geboren, er trägt zunächst den Vornamen Michael junior. Bruder Alfred Daniel kommt im Juni 1930 zur Welt. Als Vater von drei Kindern schließt Martin Luther King senior sein Theologiestudium ab und wird Leiter der Travellers Rest Baptist Church in Atlanta. Nach dem Tod seines Schwiegervaters Adam McNeil Williams, der als Sohn von Sklaven geboren worden war und 1894 in die Gemeinde der Ebenezer Baptist Church eingetreten war, übernimmt er dessen Stelle als zweiter Prediger in Atlanta.

Kirchengemeinden wie diese waren schon zu Zeiten des Sklavenhandels nicht nur religiöse Orte, sondern auch bedeutende Stätten des Schutzes und des Widerstands. Hier wurden Neuigkeiten ausgetauscht, Freiheit und Selbstachtung erfahren – dabei kam dem Pfarrer eine führende politische Rolle zu.

Auch Daddy King verspricht seiner Gemeinde, sich für bessere Lebensbedingungen der Schwarzen einzusetzen. Und er hält sein Versprechen. In seiner Funktion als örtlicher Vorsitzender der NAACP weist er auf Missstände hin, organisiert Protestmärsche und kämpft für gleiche Gehälter von schwarzen und weißen Lehrern. Beharrlich bemüht er sich darum, die Zahl von Schwarzen auf den Wählerlisten zu erhöhen. Anders als in Deutschland darf man in den USA nicht automatisch mit dem Erreichen des 18. Lebensjahres wählen, sondern muss sich vorher offiziell registrieren lassen.

1934 reist King senior sogar nach Europa zum baptistischen Weltkongress, um gemeinsam mit anderen Pfarrern auf die Rassentrennung aufmerksam zu machen. Sein Ziel: Gerechtigkeit und Aussöhnung. Weil er Martin Luther und sein reformatorisches Werk verehrt, ändert er seinen eigenen Vornamen Michael und den seines Sohns in Martin Luther.

In diesem politisch engagierten Umfeld wächst Martin Luther King junior mit seinen Geschwistern behütet und finanziell gut versorgt auf. Die Familie gehört der schwarzen Mittelschicht an. Das Gemeindeleben bildet den Rahmen, die Schutzzone für den Alltag der Kinder. Mit vier Jahren singt Martin Luther King, von seiner Mutter am Klavier begleitet, begeistert Kirchenlieder. Sein Favorit: *I want to be like Jesus* (*Ich möchte wie Jesus sein*). Der Bürgerrechtler wird seine Mutter später als leise sprechend, warmherzig und leicht zugänglich beschreiben. Sie habe viel Wert darauf gelegt, ihren Kindern ein positives Selbstwertgefühl zu vermitteln. Und sie ist es auch, die ihm von der Sklaverei erzählt und vom Bürgerkrieg. Sie habe ihm klar gemacht, zitiert ihn sein Biograf Clayborne Carson, dass sie gegen das rassistische System sei und dass er diesem nicht erlauben dürfe, ihm ein Gefühl der Minderwertigkeit zu vermitteln: »Du bist so gut wie alle anderen.«

Um sein Taschengeld aufzubessern, verkauft der Siebenjährige Limonade, später Magazine. Der jugendliche King tritt selbstbewusst auf und gilt als empfindsam. Als er aus Versehen seine Großmutter umstößt, die daraufhin kurz das Bewusstsein verliert, springt er angeblich verzweifelt aus dem Fenster. Als sie einige Monate später stirbt, tut er dies erneut. Beide Stürze übersteht er seinem Biografen Gerd Presler zufolge unverletzt.

Rassismus und Diskriminierung lernt er nicht nur durch die Erzählungen seiner Eltern kennen. Früh erfährt er selbst, was sie bedeuten: Nach Hautfarben getrennte Schulen und Kirchen, Bus- und Zugabteile, selbst separierte Toiletten und Waschbecken sind üblich. Als er mit sechs Jahren von der Vor- auf die Grundschule wechselt, darf er plötzlich nicht mehr mit seinen weißen Freunden spielen. Der Grund: Deren Eltern, Kolonialwarenhändler aus der Nachbarschaft, halten den Umgang jetzt für nicht mehr angemessen.

Beim Einkaufen mit seiner Mutter schlägt dem Sechsjährigen plötzlich eine weiße Frau ins Gesicht: »Der kleine Nigger ist mir auf den Fuß getreten«, behauptet sie. Mit acht Jahren muss Martin Luther King miterleben, wie sein Vater im Schuhladen nicht bedient wird, weil er auf einem Stuhl sitzt, der Weißen vorbehalten ist. Der Vater, der sich dieser Form der Diskriminierung nicht beugen will, verlässt mit seinem Sohn an der Hand das Geschäft, ohne etwas gekauft zu haben. »Ich werde dieses System nie anerkennen, ganz gleich, wie lange ich unter ihm leben muss«, sagt Daddy King.

Von einem Polizist, der ihm einen Strafzettel ausstellen will, weil er ein Stoppschild überfahren hat, wird er mit »Boy« (Junge) angesprochen. Daraufhin ruft Daddy King empört: »Ich bin kein Boy.« Er zeigt auf seinen Sohn: »Das ist ein Boy! Ich bin ein Mann, und solange Sie mich nicht als solchen anreden, höre ich nicht auf Sie!« Martin Luther King junior wird später dazu sagen: »Bei diesem Erbe ist es nicht überraschend, dass auch ich die Rassentrennung verabscheute, ich hielt sie für unverständlich und für unverantwortlich.«

Mit 14 Jahren gewinnt der Jugendliche einen Diskutierwettbewerb in Dublin, Georgia. Sein Thema: »Die Schwarzen und die Verfassung«. Schon damals spricht er sich gegen Rassismus und für die Stärkung der USA als Nation aus:

> Wir können keine aufgeklärte Demokratie sein, wenn eine große Bevölkerungsgruppe ignoriert wird. Wir können keine starke Nation sein, wenn ein Zehntel der Bevölkerung schlecht ernährt und krank durch Bakterien ist, die keinen Unterschied zwischen Schwarzen und Weißen machen – befolgt die Jim-Crow-Gesetze nicht [...].

Auf dem langen Heimweg über 90 Meilen von Dublin nach Atlanta muss er im Bus gemeinsam mit seiner Lehrerin stehen, weil alle Sitzplätze von Weißen belegt sind. »Diese Nacht werde ich niemals vergessen«, zitiert der Herausgeber von Martin Luther Kings Autobiografie, Clayborne Carson, den jungen Mann: »So wütend war ich noch nie zuvor in meinem Leben.«

Ein Morehouse-Mann scheitert nicht

Martin Luther King junior ist ein begabter Schüler. Aufgrund seiner ausgezeichneten Noten überspringt er die neunte und die zwölfte Klasse. Bereits mit 15 Jahren hat er sich für das Morehouse College in Atlanta qualifiziert, die Schule, die seine Frau später als »Harvard für Schwarze« beschreiben wird. Noch möchte der Junge aus Atlanta, der sich für Basketball, Tennis und Schwimmen begeistert, Arzt werden.

A Morehouse man cannot fail (»Ein Morehouse-Mann scheitert nicht«) – so lautet das stolze Motto des Colleges, das seine Studenten zu Fleiß und Disziplin erzieht. Die Privatschule wird von Schwarzen finanziert und unterliegt daher nicht der weißen Schulaufsicht. Martin Luther King wählt Englisch als Grundkurs, Soziologie als Leistungskurs. Zwei Semester lang belegt er zudem einen Einführungskurs in Philosophie.

Während seiner Ausbildung liest Martin Luther King einen Essay von Henry David Thoreau (1817–1862), der ihn fast ebenso fundamental beeinflusst wie die Bibel. Der Naturdichter und Pionier der Ökologie hatte sich 1846 aus ethischen Gründen geweigert, eine Kopfsteuer von wenigen Dollar zu entrichten. Die amerikanische Regierung, so seine Begründung, billige Sklaverei: »Nicht für einen Augenblick kann ich eine politische Organisation als meine Regierung anerkennen, die zugleich auch die Regierung von Sklaven ist.« Er nahm für sich das Recht in Anspruch, »der Regierung die Gefolgschaft zu verweigern und ihr zu widerstehen, wenn ihre Tyrannei oder ihre Untüchtigkeit zu groß und unerträglich wird«.

Er fasste seine Beweggründe in einem Essay, dem vielleicht berühmtesten Aufsatz der amerikanischen Literatur, zusammen, der unter dem Titel *Civil Disobedience* (*Über die Pflicht zum Ungehorsam gegen den Staat*) bekannt wird. Darin fordert er: »Wenn das Gesetz aus dir einen Helfershelfer für das Unrecht macht, das einem anderen zugefügt wird, dann, so sage ich, brich das Gesetz. Ich denke nämlich, wir sollten zuerst Menschen und erst in zweiter Linie Untertanen sein. [...] Wenn Nötigung und Ausbeutung sich organisieren, dann sage ich: Wir wollen einen solchen Unterdrückungsmechanismus jetzt nicht mehr länger dulden.«

Martin Luther King ist von Thoreau fasziniert. Für ihn ist der Gedanke des zivilen Ungehorsams eine ganz neue Vorstellung, denn seine Eltern haben ihn zu Ordnung und Gesetzestreue erzogen. Nicht ohne Grund: Es ist die politische Loyalität, die der schwarzen Elite erst den Aufstieg ermöglicht. Der Student liest Thoreaus Aufsatz gleich mehrfach. Was er noch nicht ahnt: Auch Mahatma Gandhi, dem er später nacheifern wird, trägt den Text immer bei sich, wenn er eine Haftstrafe verbüßt. In den USA der militant antiliberalen McCarthy-Ära wird das Werk in den frühen 1950er Jahren sogar verboten. Ein Jahrzehnt später werden Kriegsdienstverweigerer ihre Einberufungsbefehle für Vietnam zurückschicken und kommentarlos den kritischen Aufsatz beifügen.

Bei seinen Ferienjobs erfährt Martin Luther King, was es in den 1940er Jahren heißt, Schwarzer zu sein: Als Hilfsarbeiter in einer Matratzenfabrik verdient er weniger als seine weißen Kollegen. Bei einem Eisenbahnexpressdienst kündigt er schließlich, weil sein Vorgesetzter ihn »Nigger« nennt. Anders als andere kann er sich das leisten. Er ist nicht wirklich auf das Geld angewiesen. Seine Familie ist 1941 in ein größeres, in einer wohlhabenden Wohngegend gelegenes Haus umgezogen, Daddy King hat sich damit einen Jugendtraum erfüllt.

Daddy King, der den Zweiten Weltkrieg, aber auch die politischen Vorgänge im Inland aufmerksam verfolgt – die brutalen Rassenunruhen in Detroit fordern 1943 über vierzig Tote und tausend Verletzte –, denkt über die berufliche Zukunft seiner Kinder nach: »Ich meinte, ich könnte namentlich den Söhnen dabei helfen, ein bisschen schneller erwachsen zu werden, als sie es selber wollten, und so versuchte ich, ihnen den Pfarrberuf nahe zu bringen.« Mutter Alberta rät ihrem Mann: »Du solltest die Jungen nicht so drängen [...]. Nur zu leicht schreckt man dadurch Kinder gerade von den Dingen ab, die man selbst sehnlich wünscht. Lass sie sie selbst sein.«

Martin Luther King genießt sein Leben. Er trifft sich mit Freundinnen, darunter Mädchen aus reichen schwarzen Familien, geht mit ihnen ins Kino und nimmt an Tanzgesellschaften teil. Daddy King sieht seinen Sohn schon als Verlobten einer Tochter der gehobenen Gesellschaft. Doch es kommt anders.

Auf dem College offenbart sich Martins Luther Kings Talent eines politischen Redners. Bei Debattierwettbewerben belegt er bald vordere Plätze. Von Prof. George D. Kelsey, dem Leiter der »School of Religion«, erfährt er viel über Mahatma Gandhi. In Soziologie erhält er einen Überblick über die Geschichte der Rassentrennung. Ein wichtiger Mentor ist für ihn auch Benjamin Mays, der Präsident der Schule. Ob aufgrund schulischer

Einflüsse oder aus eigenem Antrieb: Bald steht für Martin Luther King junior fest, dass er wie sein Vater Pastor werden möchte.

1948 schließt er das College mit dem Bachelor of Arts in Soziologie ab und wird zum Priester geweiht. Die Träume seines Vaters scheinen sich zu erfüllen. Als dessen Hilfsprediger hat King junior bereits erste Erfahrungen an der Ebenezer Baptist Church gesammelt. Ganz von seiner Berufung überzeugt, ändert er sein Leben: »Eine ganze Weile ging er nicht mehr mit Mädchen aus und besuchte keine Tanzveranstaltungen. Er blieb meist in seinem Zimmer, betete und las in der Bibel. Er hatte wohl das Gefühl, er müsse sich läutern«, erinnert sich seine spätere Frau. Er nimmt seine Tätigkeit ernst: Er besucht Kranke, bestattet Gemeindemitglieder, predigt und engagiert sich in den Gemeindeausschüssen.

Doch noch hat der wissbegierige junge Mann nicht ausgelernt. Er möchte sich akademisch weiterbilden und entscheidet sich für ein Theologiestudium an der Universität Crozer. Das Seminar liegt tausend Kilometer von Atlanta entfernt in Chester, Pennsylvania. Dort gibt es unter den hundert Studenten nur sechs Schwarze. Das Studium dauert drei Jahre, King gilt als besonders begabt und ist beliebt: Er wird zum Klassensprecher gewählt. Angeblich verliebt er sich in die Tochter des weißen Grundstücksverwalters von Crozer und will sie heiraten. Doch in vielen Bundesstaaten sind solche Verbindungen verboten. Der Leiter der Universität redet dem Paar ins Gewissen, die beiden trennen sich.

Am Theologischen Seminar setzt sich King kritisch mit dem Neuen Testament auseinander. Besonders beeinflusst ihn zunächst Walter Rauschenbusch. Der baptistische Theologe mit deutschen Wurzeln verbindet seine pietistische Überzeugung mit Kapitalismuskritik und der Forderung nach sozialen Reformen (*Christianity and the Social Crisis*, dt.: *Christentum und soziale Krise*). Aus dem Evangelium leitet er theologisch begründet die Verantwortung der Christen für gesellschaftliche Verbesserungen ab. Auch für King steht bald fest: Religion darf sich nicht nur um das Individuum kümmern. Sie muss sich auch mit sozialen und ethischen Fragen des Zusammenlebens befassen:

> Predigen ist für mich ein dualer Prozess. Einerseits muss ich versuchen, die Seele eines jeden Einzelnen zu verändern, damit sich die Gesellschaft verändern kann. Andererseits muss ich versuchen, die Gesellschaft zu verändern, damit sich jede einzelne Seele verändern kann. Darum muss ich mir über Arbeitslosigkeit, Slums und wirtschaftliche Unsicherheit Gedanken machen.

Er setzt sich mit der Philosophie der griechischen Antike auseinander, mit den Werken von Jean-Jacques Rousseau, Thomas Hobbes und John Locke. Er liest auch Karl Marx. Doch da der deutsche Ökonom die Religion als Träumerei vom Jenseits abtut, die als Opiat vom Elend des Diesseits ablenken soll, findet der Student Martin Luther King keinen Zugang zu ihm. Er ist davon überzeugt, dass jeder Mensch in erster Linie sich selbst und Gott gegenüber verpflichtet ist. Daraus leitet er die Freiheit ab, Verantwortung für sich und andere zu übernehmen. King hört Vorlesungen von Abraham Johannes Muste. Der Geistliche engagiert sich als sozialistischer Aktivist in der amerikanischen Arbeiter- und Friedensbewegung und unterstützt die 1942 gegründete Bürgerrechtsorganisation *Congress of Racial Equality* (CORE). Durch Muste, der später noch in hohem Alter gegen Nuklearwaffen demonstrieren wird, lernt King die Grundlagen des Pazifismus kennen und beschäftigt sich intensiv mit den Lehren Mahatma Gandhis. Er ist überzeugt: Gandhi ist der erste Mensch, der Gottes Liebesethik in eine soziale Kraft verwandelt hat.

Anfang des 20. Jahrhunderts hatte Gandhi als Anwalt in Südafrika gewaltfrei gegen die rassistische Apartheid und für Gleichberechtigung gekämpft. Nach Rückkehr in seine Heimat Indien hat er die Unabhängigkeitsbewegung angeführt, die das Land von der Kolonialherrschaft der Briten befreien wollte. Der Asket hat sich vor allem auch für die Rechte von Frauen und den Dalit eingesetzt, den Nachfahren der indischen Ureinwohner, sowie für die Versöhnung von Hindus und Muslimen. Gandhi, der für seine Überzeugung insgesamt acht Jahre im Gefängnis gesessen hat, führte die gewaltlose Widerstandsbewegung an, die mit den Mitteln des zivilen Ungehorsams und Hungerstreiks kämpfte. 1948, als King gerade in Crozer angekommen ist, wird Mahatma Gandhi von einem Attentäter erschossen. Liebe und Gewaltlosigkeit: Martin Luther King findet in Gandhis Widerstandsmethode den Weg zu sozialen Reformen, nach dem er gesucht hat.

1949 lernt er den Christlichen Realismus des Theologen, Ethikers und Gegners der Nationalsozialisten Reinhold Niebuhr kennen. Dieser betont die Fähigkeit des Menschen sowohl zum Guten als auch zum Bösen. War King bis dahin von der Güte und positiven Kraft des menschlichen Verstandes überzeugt, sieht er darin nun einen falschen Optimismus, der weite Teile des protestantischen Liberalismus prägt. Niebuhrs Philosophie sei eine beharrliche Mahnung vor der Sünde auf jeder Ebene menschlicher Existenz, ist Martin Luther King nun überzeugt. Ein Beispiel dafür sei der Rassismus. Für Niebuhr steht fest, dass Amerika erst dann den Schwarzen die gleichen Rechte einräumen wird wie den Weißen, wenn es dazu gezwungen wird.

Später wird King den Christlichen Realismus mit seinen eigenen Ideen des gewaltfreien Widerstands verknüpfen. 1965 lädt er seinen früheren Lehrer Niebuhr ein, am Marsch auf Montgomery teilzunehmen. Doch ein Schlaganfall hält diesen davon ab. Auch später werden die beiden miteinander verbunden bleiben. So wird der Pazifist Niebuhr auch Kings Kritik am Vietnamkrieg als Pflicht eines religiösen Anführers und Bürgerrechtlers verteidigen.

Während King im Studium auflebt, wird sein Alltag immer wieder vom Rassismus bestimmt. In einem Lokal wird er gemeinsam mit Kommilitonen nicht bedient, der Besitzer bedroht sie mit einer Pistole. Die Studenten zeigen ihn an, er wird verhaftet. Doch das Gericht lässt die Anklage fallen, weil niemand den Vorfall bezeugen will.

1951 schließt Martin Luther King sein Theologiestudium mit dem ersten akademischen Grad des »Bachelor of Divinity« als Klassenbester ab. Er wird mit dem Pearl-Plafkner-Preis ausgezeichnet und erhält das mit 1200 Dollar dotierte Lewis-Crozer-Stipendium. Seine Eltern schenken ihm einen grünen Chevrolet.

Er schreibt sich an der Universität von Boston ein, um seine Doktorarbeit anzuschließen. Darin beschäftigt er sich vergleichend mit dem Gottesbegriff bei dem deutschen Theologen Paul Tillich, dem »Wanderer zwischen den Welten« (Helmut Thielicke), und dem Theologen Henry Nelson Wiemann.

An der Universität wird er durch die Lehren Edgar Sheffield Brightmans und Harold de Wolfs geprägt, die Gott eng mit den Geschicken des Menschen verbunden sehen. Der Theolo-

Plagiat oder Tradition?

In den 1980er Jahren werden Vorwürfe laut, Martin Luther King habe in seiner Doktorarbeit abgeschrieben. Die Boston University untersucht die Vorwürfe und kommt zu dem Ergebnis, dass King Abschnitte seiner wissenschaftlichen Arbeit kopiert habe, ohne diese – wie es üblich wäre – mit Quellenangaben zu kennzeichnen. Da die Arbeit darüber hinaus aber einen wichtigen Beitrag zur Wissenschaft darstelle, verzichtet die Universität darauf, ihm den Doktortitel nachträglich abzuerkennen.

Der Historiker Clayborn Carson, Direktor des *Martin Luther King, Jr., Research and Education Institute*, und Herausgeber des *Martin Luther King Papers Project* spricht von »textlichen Aneignungen«. Diese Arbeitsmethode stamme aus Kings früherer akademischer Karriere. Auch in seinen Reden habe er Teile aus Predigten entliehen, die er zum Beispiel im Radio gehört hat. Während einige Historiker King für diese Praktik kritisieren, sehen andere darin eine Tradition der afroamerikanischen Volkspredigt, die von Plagiaten zu unterscheiden sei.

ge Brightman ist davon überzeugt, dass der Mensch die Fähigkeit zu lieben erst durch die Annahme von Leid erwirbt. Durch sein Vertrauen in Gott gewinnt er die Kraft, Liebe allen Widerständen zum Trotz zu bewahren. Der Doktorand King liest erneut Marx, beschäftigt sich mit Georg Wilhelm Friedrich Hegel, Jean-Paul Sartre, Karl Jaspers und Martin Heidegger.

Während Martin Luther King zielstrebig seine Promotion vorantreibt, beginnt er mit der Suche nach einer Ehefrau. 1952 lernt er Coretta Scott kennen – und zögert nicht lange. »Sie besitzen alles, was ich mir seit je von der Frau meiner Wahl erwarte«, gesteht er ihr bereits nach dem ersten Treffen. Die junge Frau, die im zweiten Semester am Antioch College in Yellow Springs (Ohio) Gesang studiert, ist irritiert und erwidert, dass er sie doch gar nicht kenne. Doch Martin Luther King bleibt beharrlich: »Es sind nur vier Dinge, und Sie besitzen sie alle. Die vier Eigenschaften, die ich bei einer Frau suche, sind Charakter, Intelligenz, Persönlichkeit und Schönheit, und bei Ihnen habe ich alle gefunden. Wann kann ich Sie wiedersehen?«

»Er wusste schon genau, was er in seinem Leben erstrebte«, berichtet Coretta in ihren Memoiren, »und er hatte eine ziemlich klare Vorstellung von der Frau, die in dieses Leben passen würde.« Doch auch sie weiß, was sie will. Sie will Konzertsängerin werden – und nicht einen Pfarrer heiraten. Sie hat hart dafür gekämpft, am College studieren zu können. Geboren am 27. April 1927 in Marion, Perry County, Alabama, ist sie in ärmlichen Verhältnissen auf einer Farm groß geworden. Schon als Kind hat sie beim Baumwollpflücken helfen müssen. Nun will sie nicht alles aufgeben für einen Verehrer, der auf den ersten Blick »etwas klein« wirkt.

Die beiden treffen sich mehrmals, schon bald findet sie ihn charmant, redegewandt und aufrichtig. Doch sie bleibt zurückhaltend. Das scheint ihn anzuspornen. Er macht ihr den Hof, sie hält ihn auf Distanz. Ihr ist klar: Als Frau eines Baptistengeistlichen würde sie keine Konzerte geben können. Zumal Martin Luther King eine »geteilte Auffassung über die Rolle der Frau« hat, wie Coretta berichtet: »Einerseits hielt er Frauen für ebenso intelligent und fähig wie Männer und fand, sie sollten wichtige, einflussreiche Positionen übernehmen. Aber seine eigene Frau stellte er sich als Hausfrau und Mutter seiner Kinder vor. Er erklärte deutlich, er wünsche, dass ihn seine zukünftige Frau daheim erwarte.«

Coretta braucht lange, bis sie eine Ehe mit ihm in Erwägung zieht. Doch Martin Luther King entspricht nicht dem Prediger-Klischee, das sie im Kopf hat. Er ist lebhaft und geistreich, tanzt gern, mag Musik und ist bescheiden, selbstkritisch und empfindsam. Während sie Kleidung für unwesentlich hält, legt er großen Wert auf sein Äußeres. Schon seit dem College achtet er auf sorgfältig gepflegte Hände, tadellose Anzüge und einen akkuraten Haarschnitt. Unter allen Umständen möchte er vermeiden, als schlampig gekleideter, einfältiger Schwarzer angesehen zu werden.

Nun beginnt er damit, sie »auf [ihre] Rolle als Frau eines Baptistengeistlichen vorzubereiten«, berichtet sie in ihrer Autobiografie. Er schlägt ihr vor, Lippenstift zu benutzen und sich den hübschen roten Mantel zu kaufen, den sie gemeinsam gesehen haben. Sie lässt sich darauf ein und gibt auf ihr Äußeres acht. Das Werben geht weiter. Monate später wird ihr klar, dass sie sich in Martin Luther King verliebt hat. Sie kann sich vorstellen, ihn zu heiraten, behält den Gedanken aber noch eine Weile für sich. Ihr ist klar, dass sie auf jeden Fall ihr Studium beenden will. Plötzlich hat sie Sorge, dass sein Vater Einwände haben könnte. Doch die Familie nimmt sie freundschaftlich auf.

»Wenn du ihn liebst, dann heirate ihn«, rät ihr eine ihrer Schwestern. »Du wirst zwar nicht die Karriere machen, die du dir erträumt hast, aber eine Karriere wirst du dennoch machen. Du wirst keinen gewöhnlichen jungen Geistlichen heiraten.« Am 18. Juni 1953 traut Daddy King seinen Sohn Martin Luther und Coretta Scott im Garten ihres Elternhauses. Anschließend kehrt das junge Ehepaar nach Boston zurück, um seine Studien abzuschließen. Coretta hat den Studiengang gewechselt. Sie strebt einen Abschluss als Musikpädagogin mit dem Hauptfach Gesang an, ein Beruf, den sie auch als Mrs. King ausüben kann.

Mit 25 Jahren bekommt Martin Luther King mehrere Stellen angeboten, er entscheidet sich gegen eine akademische Karriere und übernimmt eine Pfarrstelle im Süden des Landes. Am 1. September 1954 beginnt er seinen Dienst an der Dexter Avenue Baptist Church in Montgomery, Alabama. In der Stadt leben rund 120 000 Menschen, etwas weniger als die Hälfte von ihnen sind Afroamerikaner. King tritt der örtlichen NAACP bei. Er wird aufgefordert, den Vorsitz zu übernehmen. Doch er lehnt ab. Er möchte sich auf seine Aufgaben in der Kirche konzentrieren. Er sammelt Geld für Bedürftige, bereitet seine Predigten vor. Die Kings freunden sich mit Ralph Abernathy, dem Pfarrer der First Baptist Church in Montgomery, und seiner Frau Juanita an.

1955 wird Martin Luther King für seine 350-seitige Promotion der Doktortitel der Philosophie verliehen. Am 17. November 1955 kommt das erste Kind der Kings auf die Welt, Yolanda Denise.

Die Zeit ist reif, die Busse zu boykottieren

Von der Busfahrt, die die Näherin Rosa Parks am 1. Dezember 1955 unternimmt, erfährt bald die ganze Welt. In Montgomery, Alabama, der Stadt, in der Martin Luther King nun als Pastor arbeitet, gibt es zu dieser Zeit nicht nur Schulen, Parkbänke und Toiletten, die nach Rassen getrennt sind. Auch in den Bussen ist vorgeschrieben, wer wo sitzen darf: Die ersten vier Reihen sind den *Whites only* (»Nur für Weiße«) vorbehalten. Im hinteren Abschnitt des Busses dürfen Afroamerikaner (*Coloreds only*, »Nur für Schwarze«) sitzen. Selbst wenn dieser Bereich oft überfüllt ist, darf niemand vorne Platz nehmen, auch dann nicht, wenn dort niemand sitzt. Im mittleren Teil des Busses dürfen sowohl schwarze als auch weiße Passagiere sitzen. Wenn jedoch ein weißer Fahrgast dort Platz nehmen möchte, müssen alle Schwarzen in der Sitzreihe ihre Plätze räumen.

Als Rosa Parks einsteigt, ist der Bus bereits recht voll. Sie findet noch einen Platz im Mittelteil. Einige Haltestellen später steigt ein weißer Passagier ein. Er will ebenfalls im mittleren Busteil sitzen, die schwarzen Mitfahrer sollen die entsprechende Sitzreihe räumen. Alle stehen auf – bis auf Rosa Parks.

Die 42-Jährige hat genug von den Demütigungen, die sie

täglich erfahren muss. Und sie ist müde. Ein anderer Schwarzer, der Ärger vermeiden möchte, bietet ihr seinen Sitzplatz an. Doch Rosa Parks lehnt ab. Sie sieht nicht ein, warum sie für einen Weißen aufstehen soll. Der Busfahrer, der sie mehrfach aufgefordert hat, endlich aufzustehen, holt die Polizei. Die Beamten nehmen Rosa Parks mit auf die Wache, der Bus setzt seine Fahrt fort. Der Näherin wird vorgeworfen, die Verkehrsvorschriften missachtet zu haben. Gegen eine Kaution von 100 Dollar darf sie das Gefängnis bis zur Gerichtsverhandlung wieder verlassen.

War ihr couragiertes Auftreten im Vorfeld geplant? Manche Historiker und Biografen vermuten, dass Rosa Parks, die zeitweilig für die NAACP als Sekretärin gearbeitet hat, für diese Aktion trainiert worden sei. Doch diese Einschätzung erscheint angesichts der nun einsetzenden Reaktionen, die wenig koordiniert wirken, unwahrscheinlich.

Das Gerichtsverfahren gegen Rosa Parks soll vier Tage später eröffnet werden. Der NAACP-Vorsitzende Edgar Daniel Nixon, der die Kaution bezahlt hat, informiert den politischen Frauenrat von Montgomery über den Fall. Dessen Vorsitzende, die engagierte Collegelehrerin Jo Ann Robinson, hat gemeinsam mit den rund 200 Mitgliedern des Rats schon einiges durchsetzen können: Dank ihres Einsatzes stellen die Geschäftsleute keine getrennten Trinkfontänen mehr auf, schwarze Kundinnen werden nun mit »Miss« oder »Mrs.« angesprochen. Auch über die Rassentrennung in Bussen hat der Frauenrat schon oft diskutiert. Robinson schlägt nun einen Busstreik vor. Die Gelegenheit sei günstig, so ihr Argument, denn Parks ist nicht wegen ungebührlichen Benehmens, sondern wegen Missachtung der Verkehrsvorschriften verhaftet worden.

»Ich glaube, die Zeit ist reif, dass wir die Busse boykottie-

Rosa Parks (Bild) ist nicht die erste Frau, die sich weigert, ihren Sitzplatz aufzugeben. 1944 wurde Irene Morgan Kirkaldy aus dem gleichen Grund in einem Greyhound-Bus verhaftet. Ihr Fall inspiriert später die Freedom Riders.

ren«, ist auch Nixon überzeugt, als er Reverend Ralph Abernathy und Pfarrer Martin Luther King anruft. Die drei Männer wägen Chancen und Risiken ab. Schließlich einigen sie sich auf eine Versammlung am Abend, um zu einem Entschluss zu gelangen.

In der Zwischenzeit bereitet Jo Ann Robinson über 50 000

Flugblätter vor und lässt diese in der Stadt verteilen. Darauf steht: »Fahrt am Montag, dem 5. Dezember, nicht mit dem Bus zur Arbeit, in die Stadt, zur Schule oder sonst wohin! Wieder ist eine Negerin verhaftet und ins Gefängnis gesteckt worden, weil sie ihren Busplatz nicht räumen wollte!«

Noch bevor die Mitglieder der Kirchengemeinde überhaupt mit der Diskussion begonnen haben, hat Robinson bereits Tatsachen geschaffen. Die energische Aktivistin will die Gelegenheit nicht ungenutzt verstreichen lassen. Nixon unterstützt sie und informiert die lokale Tageszeitung über den Boykott, um auf diesem Weg noch mehr Afroamerikaner zu erreichen.

Am Abend treffen sich rund 50 Gemeindemitglieder. Neben Geistlichen sind es vor allem Ärzte, Anwälte und Gewerkschaftler. Erst nach einigen Stunden der Diskussion fasst die Versammlung konkrete Beschlüsse: Die Pfarrer werden den Streikaufruf des Frauenrates nachdrucken, verteilen und im Gottesdienst am Sonntag für den Boykott werben.

Anders als Jo Ann Robinson verhält sich Martin Luther King zögerlich. War der Student King begeistert von Thoreaus Aufruf zum zivilen Ungehorsam, zeigt sich der junge Pfarrer in der Praxis zunächst vorsichtig und abwartend. Er fühlt sich in seiner Rolle als geistlicher Vorsteher der Gemeinde offenbar noch nicht sicher.

Doch dann gibt sich King einen Ruck: »Ich kam zu der Überzeugung, dass das, was wir in Montgomery tun wollten, verwandt war mit dem, was Thoreau zum Ausdruck gebracht hatte«, erinnert er sich. »Wir erklärten den Weißen damit einfach: Wir können mit einem bösen System nicht länger zusammenarbeiten.« Es ist der Moment, in dem der Baptistenprediger sein im Studium erworbenes theoretisches Wissen zum Leitfaden seines politischen Handelns macht.

Am Montagmorgen, 5. Dezember 1955, stehen Coretta und Martin Luther King gegen 5.30 Uhr am Fenster und beobachten die Straße. Im ersten Bus, der vorbeifährt, befindet sich nicht ein Fahrgast. Auch im nächsten fährt kein Passagier mit. Im dritten sehen sie nur zwei Weiße. Das Ehepaar jubelt. Nutzen an einem normalen Werktag rund 20 000 schwarze Fahrgäste die örtlichen Busse, sind es an diesem Montag lediglich zwölf. Der Boykott ist ein voller Erfolg.

Die Afroamerikaner gehen zu Fuß zur Arbeit, fahren mit dem Fahrrad, bilden Fahrgemeinschaften in Privatautos oder quetschen sich gruppenweise in Taxis. Der King-Biograf und Theologe Arnulf Zitelmann berichtet, dass einer der Busfahrer eine ältere schwarze Frau aufgefordert habe: »Komm, Oma, du brauchst nicht zu laufen!« Daraufhin habe die Frau stolz entgegnet: »Ich marschiere nicht für mich selbst. Ich gehe für meine Kinder und Enkel.«

Um 9 Uhr beginnt das Verfahren gegen Rosa Parks. Gemeinsam mit einem Anwalt der NAACP erscheint sie vor Gericht. Der Saal ist überfüllt, die Verhandlung kurz und sachlich. Wegen Missachtung der Verkehrsvorschriften wird die Angeklagte zu einer Geldstrafe von zehn Dollar verurteilt. Außerdem soll sie die Verfahrenskosten tragen. Ihr Anwalt legt Berufung ein. Den Verantwortlichen wird rasch klar, dass der eintägige Boykott nun verlängert werden muss.

Der NAACP-Vorsitzende Nixon schlägt vor, einen Ausschuss zu bilden, der die weiteren Streikvorbereitungen organisiert. Ralph Abernathy soll die Forderungen an die Busgesellschaft formulieren, über die bei der angesetzten Kundgebung abgestimmt werden kann. Am Abend will man alles Weitere besprechen. Zur Sitzung erscheint Martin Luther King etwas verspätet: »Martin, wir haben dich zu unserem Präsidenten gewählt. Nimmst du an?«, wird er gleich gefragt, wie sich Coretta Scott King erinnert. Er ist überrumpelt, der Boykott war weder seine Idee, noch hat er ihn initiiert, doch er willigt ein: »Ich reagierte einfach auf den Ruf des Volkes nach einem Wortführer.«

Damit übernimmt er seine erste Führungsrolle innerhalb der antirassistischen Bürgerrechtsbewegung – eine Funktion, die ihn weltweit berühmt machen sollte. Der Ausschuss hätte kaum einen Besseren finden können: Martin Luther King ist klug, gebildet, rhetorisch talentiert und smart. Das perfekte Aushängeschild der politischen Bewegung.

Der Bürgerausschuss zur Verbesserung der Beziehungen zwischen den Rassen (*Montgomery Improvement Association*, MIA) einigt sich auf Abernathys drei Forderungen an die Busgesellschaft: Erstens: Höfliche Behandlung der Schwarzen durch die Busfahrer. Zweitens: Die Fahrgäste setzen sich in der Reihenfolge, wie sie kommen, wobei die Schwarzen zuerst die hinteren Plätze einnehmen. Drittens: Strecken, die überwiegend von Schwarzen benutzt werden, sollen auch von schwarzen Fahrern bedient werden. Diese moderaten Ziele sind durchaus nicht auf das Ende der Rassentrennung ausgerichtet. Die MIA will lediglich die diskriminierenden Praktiken abschaffen, die den Gleichheitsgrundsatz »getrennt, aber gleich« verletzen.

Nach der Sitzung eilt King nach Hause. Dem talentierten Redner, der sonst bis zu 15 Stunden benötigt, um eine Predigt vorzubereiten, bleiben bis zur Kundgebung nur zwanzig Minuten. Als er schließlich gemeinsam mit Ralph Abernathy an der überfüllten Holt Street Baptist Church ankommt, ist er nervös. Doch die rund 5000 Teilnehmer spornen ihn an. Er hält eine eindringliche Ansprache, in der er die Zuhörer an die

Beschimpfungen und Schikanen erinnert, die sie alle geduldig beim Busfahren ertragen mussten.

> Wir, die Enterbten dieses Landes; wir, die wir so lange unterdrückt wurden, sind es müde, durch die lange Nacht der Gefangenschaft zu gehen. Und nun strecken wir die Hand aus nach dem Morgengrauen der Freiheit, Gerechtigkeit und Gleichheit.

Er schließt seine Rede mit dem Aufruf zu Gewaltlosigkeit. Die Menge jubelt, sie applaudiert Rosa Parks, beschließt die Drei-Punkte-Forderung von Abernathy und einen Busboykott, der so lange dauern soll, bis diese erfüllt ist.

Und die schwarze Bevölkerung muss lange durchhalten: Aus der eintägigen Aktion wird ein Streik, der über ein Jahr dauert. Obwohl die Behörden mit allen juristischen Mitteln, Einschüchterungen und Drohungen dagegen vorgehen, lassen sich die Betroffenen nicht beirren – für sie geht es um die Zukunft ihrer Kinder und Enkel. Mit ihrem Boykott wollen sie der Busgesellschaft vor Augen führen, dass sie es sind, die für einen großen Teil der Einkünfte sorgen und dass ihre Forderungen ernst genommen werden müssen. Im Laufe des Boykotts büßt die Busgesellschaft rund 65 Prozent ihrer Einnahmen ein und muss sogar einige Buslinien stilllegen. Langsam begreifen selbst die Behörden, dass sie der Forderung nach Gleichberechtigung schon aus wirtschaftlichen Gründen nachgeben müssen.

Martin Luther King wird zum gefragten Interviewpartner. Nicht nur Zeitungs- und Radioredakteure wollen mit ihm sprechen. Auch viele Fernsehteams reisen nach Atlanta. Mitte der 1950er Jahre gibt es in Amerika bereits rund 35 Millionen

Gewaltloser Widerstand

Nach dem Busboykott von Montgomery formuliert King die Grundprinzipien des gewaltlosen Widerstands: Er sei keine Methode für Feiglinge, denn es werde Widerstand geleistet. Das Ziel sei nicht, den Gegner zu erniedrigen, sondern sich mit ihm auszusöhnen. Dabei müsse man bereit sein, Herabsetzungen zu ertragen, ohne nach Vergeltung zu streben. Wer an die Gewaltlosigkeit glaubt, so ist King überzeugt, besitzt einen enormen Zukunftsglauben.

TV-Geräte. Das neue Medium bringt den telegenen Pfarrer landesweit in die Wohnzimmer, seine Popularität wächst rapide. »Unser Leben hatte eine seltsame Wende genommen«, schreibt Coretta Scott King: »Vom Pastor einer Baptistenkirche in einer kleinen Südstaatenstadt war Martin unversehens zum Mittelpunkt einer Bewegung geworden, welche die ganze Nation erfasste.«

Und der junge Mann begreift rasch, dass die Journalisten nicht nur Antworten auf Sachfragen wollen. Sie wollen auch einen authentischen Familienvater sehen, der seine Überzeugung nicht nur predigt, sondern auch selbst lebt. King ist bereit, ihnen das Gewünschte zu geben. Statt seine Privatsphäre zu schützen, bringt er die Reporter ebenso mit nach Hause wie seine Freunde, Kollegen und Gemeindemitglieder. »Unser Haus war ständig voller Menschen; mit dem Privatleben war es restlos vorbei«, erinnert sich seine Frau. »Fast jede Mahlzeit wurde zu einer Großveranstaltung.«

Nicht nur die Unterstützer aus dem In- und Ausland finden in King eine Leitfigur. Auch die Gegner der Gleichberechtigung von Schwarz und Weiß machen in ihm ein prominentes Ziel aus. Hassbriefe, Drohanrufe und Beleidigungen erreichen die Familie. Am 30. Januar 1956 explodiert auf der Terrasse des Pfarrhauses eine Bombe. Nur durch Zufall bleiben Coretta und die kleine Yolanda unverletzt. King, der auf einer Kundgebung von dem Attentat erfährt, ruft trotz des Anschlags zu Gewaltlosigkeit auf: »Bitte geht nach Hause und legt eure Waffen weg. Wir können dieses Problem nicht durch Vergeltung lösen. Wir müssen der Gewalt mit Gewaltlosigkeit begegnen.« Während der junge Familienvater als Anführer der Bürgerrechtsbewegung dadurch weiter an Achtung und Glaubwürdigkeit gewinnt, wächst die schwarze Community durch den Boykott stärker zusammen und entwickelt eine gemeinsame Identität.

Je länger der Streik dauert, desto aggressiver agieren die Behörden, um den Widerstand zu brechen. Sie werfen King Betrug vor, schikanieren schwarze Fahrgemeinschaften. Es kommt zu Festnahmen, auch Martin Luther King wird zum ersten Mal verhaftet – es sollten noch viele weitere folgen. Am 22. März wird er wegen des Verstoßes gegen das Anti-Boykott-Gesetz zu 500 Dollar Strafe verurteilt.

Seine Anwälte fechten das Urteil an und stellen auch beim Bundesgericht den Antrag, die Rassentrennung in den Bussen für verfassungswidrig zu erklären. Endlich, im Mai 1956, folgt das Bundesgericht dem Antrag der Bürgerrechtler. Doch die Stadt Montgomery legt unverzüglich Berufung beim Supreme Court ein, der Boykott geht weiter.

Am 13. November muss sich Martin Luther King erneut vor Gericht verantworten, Stadt und Busgesellschaft haben auf Schadenersatz geklagt. Plötzlich wird es unruhig im Saal, ein Reporter reicht King einen Zettel mit einer Nachricht: »Das Oberste Gericht des Staates Alabama bestätigte heute die Entscheidung [...] und erklärte die [...] Gesetze, welche die Segregation in den Bussen anordnet, für verfassungswidrig.« Die Anhänger der Bürgerrechtsbewegung jubeln.

Wie kommt es zu diesem Urteil und zu diesem Wandel in der Rechtsprechung? Er wurde, so die Historikerin Britta Waldschmidt-Nelson, durch zwei Entwicklungen begünstigt:

Zum einen macht die Tatsache, dass die USA im Zweiten Weltkrieg aktiv gegen Hitler und dessen Rassismus gekämpft haben, es »zunehmend schwierig, den Rassismus im eigenen Land zu rechtfertigen oder auch nur zu tolerieren«. Zum anderen hat sich der Supreme Court im Mai 1954 offen gegen Rassentrennung ausgesprochen: Nachdem die NAACP jahrelang einen Prozess geführt hat, erklärt das Gericht die Rassentrennung an Schulen für verfassungswidrig. Das Urteil, das als *Brown vs. Board of Education of Topeca* in die Geschichtsbücher eingegangen ist, erklärt den Grundsatz »gleich, aber getrennt« für ungültig.

Mit Hilfe von Rollenspielen übt die schwarze Community das Verhalten in integrierten Bussen, um Provokationen zu vermeiden. Die Afroamerikaner sollen sich höflich verhalten, Unverschämtheiten ignorieren und sich nicht neben Weiße setzen, wenn noch andere Plätze frei sind. Am 5. Dezember 1956 – dem Jahrestag des Boykottbeginns – organisiert der Bürgerausschuss ein Konzert in New York, um Spendengelder für die Bewegung zu sammeln. Neben Duke Ellington und Harry Belafonte tritt auch Coretta Scott King auf, sie singt Spirituals wie *Keep your Hand* und *King Jesus*.

Kurz vor Weihnachten ist es so weit: Am 21. Dezember 1956 treffen sich Rosa Parks, Edgar Daniel Nixon, Ralph Abernathy, Martin Luther King und der weiße Pfarrer Glenn Smiley, um gemeinsam mit dem ersten Bus ohne Rassentrennung zu fah-

Coretta begrüßt ihren Mann am 22. März 1956 beim Verlassen des Gerichtsgebäudes in Montgomery. Das Gericht hat King zwar schuldig gesprochen, am Busstreik-Komplott beteiligt gewesen zu sein. Doch der Richter hat die Strafe von 500 Dollar ausgesetzt.

ren. Als der Bus um 6 Uhr hält, laufen Kameras und Tonbandgeräte. »Ich glaube, Sie sind Dr. King, nicht wahr?«, fragt der weiße Fahrer höflich. King bejaht. »Wir freuen uns, dass Sie heute mit uns fahren.« Die *New York Times* berichtet über das Ereignis: »Zum ersten Mal bestiegen in der ›Wiege der Konföderation‹ alle Schwarzen die Busse durch die vordere Tür.«

Den ganzen Tag über fahren sie mit dem Bus kreuz und quer durch die Stadt. Zwischenfälle gibt es kaum, nur ein älterer Weißer weigert sich, neben einem schwarzen Fahrgast

Platz zu nehmen, ansonsten gibt es wenig negative Reaktionen. Ein paar Tage später jedoch beginnen Rassisten, auf Busse mit schwarzen Passagieren zu schießen. Ende Januar 1957 wird ein weiterer Anschlag auf die Familie King verübt. Doch das Attentat misslingt, das Dynamit der Bombe glüht zwar, als es gefunden wird, explodiert aber nicht. Ralph Abernathy hat weniger Glück: Sein Haus und seine Kirche werden durch Bomben zerstört. Auch drei weitere Kirchen von schwarzen Gemeinden werden zum Ziel von Attentaten. Erst Ende Januar 1957 kehrt Ruhe in Montgomery ein.

Nicht jedoch für Rosa Parks und ihre Familie. Die Frau, die den Busstreik durch ihr couragiertes Auftreten ausgelöst hat, wird als Ikone der Bürgerrechtsbewegung verehrt. Gleichzeitig werden sie und ihr Mann ständig bedroht. Die Familie hält dem Druck nicht stand und zieht nach Detroit. Die Näherin engagiert sich weiter für die Bürgerrechtsbewegung und wird viele Ehrungen erhalten, darunter die Freiheitsmedaille (1996) und die Goldene Ehrenmedaille des Kongresses (1999). Nach ihrem Tod 2005 ist sie die erste Frau, die im Kapitol beigesetzt wird. Seit 2008 erinnert die *American Public Transportation Association* mit einem Gedenktag an sie. An diesem Tag bleibt in jedem Bus der Platz hinter dem Fahrer zu ihren Ehren frei. 2017 hat der US-Künstler Ryan Mendoza das vom Verfall bedrohte Detroiter Wohnhaus von Rosa Parks in seine Wahlheimat nach Berlin-Wedding gebracht. Er kritisiert, dass keine Institution in den USA ein Interesse am Erhalt des geschichtsträchtigen Gebäudes habe. Mittelfristig will er das Haus wieder verkaufen und den Erlös an die Rosa McCauley Parks Stiftung spenden.

Black and White together

Aus der lokalen Organisation MIA, die den Busboykott in Montgomery organisiert hat, entwickelt sich die *South Christian Leadership Conference* (SCLC, Christliche Führungskonferenz des Südens) mit Sitz in Atlanta. Deren Mitglieder setzen sich gegen Rassentrennung und für die bedingungslose Wahlberechtigung von Schwarzen im Süden ein. Das Führungsgremium besteht aus neun Pfarrern, auch die Mitglieder des Vorstands sind fast ausschließlich Pastoren. Als es nun um Kandidaten für die Funktion des Vorsitzenden geht, überlegt Martin Luther King nicht lange: Er kandidiert und wird gewählt. Die SCLC wird stark auf seine Person ausgerichtet.

Zunächst sind die Erfolge des Verbands bescheiden, doch in der ersten Hälfte der 1960er Jahre entwickelt sich dieser zu einer der führenden Organisationen im Süden der USA. Während die NACCP vor allem juristisch auf nationaler Ebene agiert, bleibt die SCLC stark mit ihrer Basis verbunden und kann viele Aktivisten mobilisieren. Der Historiker Norbert Finzsch vermutet, dass zum einen der Predigtcharakter der Rhetorik der SCLC-Anführer dabei hilft, die Ideen verständlich zu transportieren. Zum anderen hätten die christlich geprägten Vorstellungen des Verbands der Bürgerrechtsbewe-

I Am Not Your Negro

Der Dokumentarfilm von Raoul Peck (2017) gilt als einer der besten Filme über die Bürgerrechtsbewegung in jüngster Zeit. Die Grundlage für die Filmcollage bildete das unvollendete Manuskript *Remember This House* von James Baldwin, das von Schauspieler Samuel L. Jackson gesprochen wird. Der Film war für einen Oscar nominiert, wurde bei den Los Angeles Film Critics Association Awards ausgezeichnet und erhielt auf der Berlinale den Publikumspreis als bester Dokumentarfilm.

gung einen »göttlichen Anstrich« gegeben. Die Organisation, die wie ein Dachverband fungiert, stärkt den Zusammenhalt zwischen den Aktiven und betont den moralischen Aspekt des Bürgerrechtsengagements. Oft arbeiten die Verbände eng zusammen, doch wenn es um das Einwerben von Spendengeldern geht, konkurrieren sie miteinander.

1957 sorgen neun Schülerinnen und Schüler aus Little Rock, Arkansas, für Schlagzeilen. Sie fordern ihr Recht auf integrierte Schulen ein. Drei Jahre nach dem spektakulären Brown-Urteil, bei dem das Oberste Gericht entschieden hat, dass »getrennte Schulen ihrem Wesen nach ungleich« sind, wollen die *Little Rock Nine* (»die Neun aus Little Rock«) die Central High School absolvieren.

Doch der Gouverneur des Bundesstaates lässt unverzüglich die Nationalgarde anrücken. Gemeinsam mit weißen Demonstranten soll sie den Jugendlichen den Zutritt zur Schule verwehren. Als die Kinder vor dem Gebäude ankommen, schreit die aufgebrachte Menge: »Lyncht sie! Lyncht sie!« Und: »Keine

Schwarzen auf unsere Schule!«, erinnert sich Elizabeth Eckford, eine der Schülerinnen.

Ein Gerichtsentscheid ist nötig, damit der Gouverneur die Nationalgarde drei Wochen später wieder abzieht. Die Schüler unternehmen einen neuen Versuch, die Schule zu betreten. Doch die aufgebrachte Menge der Weißen zwingt sie erneut zum Verlassen des Gebäudes. Schließlich schickt Präsident Eisenhower 1200 Bundessoldaten, um die neun Jugendlichen zu schützen. Es ist das erste Mal, dass eine Bundestruppe zum Schutz der Rechte von Schwarzen eingesetzt wird.

Noch Wochen danach müssen die Jugendlichen mit einem Armeefahrzeug in die Schule gebracht werden. Erst als der Mob kapituliert, kehrt Normalität in der Stadt ein. »Little Rock war ein Wendepunkt im Kampf um unsere Rechte«, ist Martin Luther King überzeugt. Doch es sollte noch Jahrzehnte dauern, bis sich das Brown-Urteil positiv für viele Schwarze auswirkt. Erst 1979 – also 22 Jahre später – besuchen rund elf Prozent der Afroamerikaner ein College, das entspricht in etwa dem damaligen Anteil der Schwarzen an der gesamten US-Bevölkerung.

King hat den Widerstand der Schüler in der Hauptstadt von Arkansas nur aus der Ferne verfolgt. Er reist durch das Land und sammelt Unterstützung für die Bürgerrechtsbewegung – moralisch wie finanziell. Er legt rund 125 000 Kilometer in Flugzeugen zurück und hält mehr als 200 Vorträge in Kirchen und bei politischen Organisationen. Das Magazin »Jet« kürt ihn zum *Man on the Go* (»Der Mann auf dem Sprung«). Immer wieder fordert er die Bundesregierung in Washington auf, die Situation der Afroamerikaner endlich nachhaltig zu verbessern.

US-Präsident Dwight David Eisenhower ist zwar bereit,

Bundestruppen nach Little Rock zu schicken, doch die Diskussion von Grundsatzfragen der Gleichberechtigung überlässt er lieber seinem Stellvertreter. Vizepräsident Richard Nixon empfängt Vertreter der Bürgerrechtsbewegung im Weißen Haus, zeigt sich von deren Sechs-Punkte-Programm zur Stärkung der Rechte von Schwarzen beeindruckt und verspricht, sich dafür einzusetzen – doch nichts geschieht.

Daraufhin organisieren die Bürgerrechtler einen Sternmarsch auf Washington, um ihren Forderungen mehr Nachdruck zu verleihen. Am 17. Mai 1957 treffen rund 40 000 Menschen am Lincoln-Ehrenmal ein, darunter viele Prominente: die Gospelsängerin Mahalia Jackson, der Sänger und Schauspieler Harry Belafonte, bekannte Sportler und Schriftsteller. Während Coretta Scott King mit dem zweiten Kind schwanger daheim am Radio sitzt, ruft ihr Mann der begeisterten Menge zu:

> Gebt uns Stimmzettel und wir werden der Bundesregierung nicht länger Kopfzerbrechen über unsere Grundrechte bereiten. […] Gebt uns Stimmzettel und wir werden die Parlamente mit Männern guten Willens besetzen. […] Gebt uns Stimmzettel und wir werden Richter aus dem Süden auf den Bänken platzieren, die Recht sprechen und Barmherzigkeit lieben.

Für seine erste Rede auf nationaler Ebene erntet er viel Anerkennung. Doch politisch zeigt die Kundgebung kaum Wirkungen.

Martin Luther King beendet das erste von insgesamt sechs Büchern seit der Dissertation. *Stride Toward Freedom* (dt.: *Freiheit. Von der Praxis des gewaltlosen Widerstands*) erscheint im Herbst 1958 und wird von den Rezensenten begeistert aufgenommen. Am 23. Oktober bringt Coretta das zweite Kind auf die Welt, Martin Luther King III.

Bei einer Signierstunde in Harlem wird der zweifache Vater von einer Afroamerikanerin angegriffen. Die 42-Jährige rammt ihm die 20 Zentimeter lange Klinge eines Brieföffners zwischen die Rippen. King wird ins Krankenhaus eingeliefert und sofort operiert. Die Schneide ist unmittelbar neben der Hauptschlagader eingedrungen. Ein Niesen oder Husten, und das scharfe Metall hätte die Aorta verletzt, King wäre innerlich verblutet. Doch den Ärzten gelingt es, die Klinge herauszuziehen. Die Wunde heilt ohne größere Komplikationen, nach zwei Wochen darf der Patient die Klinik wieder verlassen. Bei der Täterin Izola Curry wird paranoide Schizophrenie diagnostiziert. Martin Luther King betont vor Gericht, dass er keinen Groll gegen sie hege und ihr verzeihe. Er hoffe, dass sie die Hilfe bekommt, die sie benötigt, und dass die Gesellschaft sich so weit verbessern werde, dass eine verwirrte Persönlichkeit keine Bedrohung mehr darstelle. Curry wird in ein Heim für psychisch gestörte Kriminelle eingewiesen.

Die Ärzte haben King eine mehrmonatige Pause verordnet, im Frühjahr 1959 reist er mit seiner Frau für vier Wochen nach Indien. Dort treffen sie sich mit dem ersten Premierminister des unabhängigen Indien, Jawaharlal Nehru, und dessen Tochter Indira Gandhi. Sie besuchen Empfänge, nehmen Ehrungen entgegen. Neben politischen Gesprächen begeben sie sich auch auf eine Mahatma-Gandhi-Pilgerfahrt.

Darf sich der junge Bürgerrechtler guten Gewissens als Schüler Gandhis betrachten? Martin Luther King kommen Zweifel. Der indische Meister hat den Hungerstreik als Waffe eingesetzt, ist meilenweit durch sein Land gewandert und hat einfache Kleidung getragen. Coretta ist überzeugt: Ohne seine Arbeit zu gefährden, kann ihr Mann auf manche Annehmlichkeiten nicht verzichten. Es gibt aber auch kritischere Einschätzungen seitens der Biografen: King sei Gandhis Beispiel nicht konsequent gefolgt, dazu habe er elegante Anzüge und gutes Essen zu sehr geliebt. Darin läge einer jener Brüche, die den Menschen King charakterisieren: Er habe zwar hohe Anforderungen formuliert, diesen in mancher Hinsicht aber selbst nicht genügt.

Immer öfter meldet sich jetzt bei King das schlechte Gewissen seiner Gemeinde gegenüber. Häufig kann er seinen Pflichten als Pastor nicht nachkommen, weil die Bewegung ihn stark in Anspruch nimmt. Darum beschließt er, sein Pastorenamt an der Dexter Church in Montgomery aufzugeben und nach Atlanta zu wechseln. Als zweiter Prediger will er dort seinen Vater an der Ebenezer Kirche unterstützen und sich weiter für die Bürgerrechtsbewegung einsetzen. In der Stadt befindet sich der Hauptsitz der SCLC.

Und das ist bitter nötig: Der Busboykott hat zwar die Situation in den Bussen von Montgomery verbessert, doch überall sonst lebt der Jim-Crow-Rassismus weiter: Sportanlagen und Schwimmbäder, Parks und Restaurants bleiben nach Hautfarbe getrennt. Schwarze werden weiterhin als »Boys« bezeichnet, und viele leben mittellos in heruntergekommenen Wohnungen.

Im Februar 1960 setzen sich vier schwarze Studenten in Greensboro, North Carolina, in ein Lokal und bestellen Kaffee. Obwohl sie nicht bedient werden, bleiben sie am Tresen sitzen. Stundenlang. Am nächsten Tag kommen sie wieder. Am übernächsten Tag werden sie von weißen Mädchen begleitet. Die jungen Frauen weigern sich, eine Bestellung aufzugeben, wenn ihre Kommilitonen nicht bedient werden (»Langes Haar ist unsere schwarze Haut.«) – die Sit-In-Bewegung ist geboren. Viele der Protestler werden beschimpft, bespuckt, mit Kaffee übergossen. Aber nach nur neun Tagen hat sich die neue Protestform auf 15 Städte in fünf Staaten ausgedehnt. Die heftigen Reaktionen der Rassisten sorgen dafür, dass Medien und Öffentlichkeit rasch mit den Studenten sympathisieren.

Black and White together (»Schwarze und Weiße zusammen«) lautet das neue Motto der Bürgerrechtsbewegung. Die NAACP beobachtet die Aktionen zunächst noch skeptisch. Harry Belafonte, ein Freund Kings, richtet jedoch sofort ein Spendenkonto für die Studenten ein. Auch Ella Baker, seit 1957 Geschäftsführerin der SCLC im Hauptbüro in Atlanta, bemüht sich bald um Kontakte zu den Aktivisten. Sie organisiert ein Treffen von Schülern und Studenten, an dem insgesamt über 1200 Schwarze und Weiße teilnehmen. Auch Martin Luther King hält einen Vortrag auf der Veranstaltung. Er hätte die Studenten gerne als Mitglieder der SCLC gesehen. Doch die jungen Leute finden Kings Programm zu zahm.

Baker zufolge schätzen die Studierenden zwar die Leistungen von King, »doch ihren Führer sahen sie in Martin nicht«. Die Studenten übernehmen sein Prinzip der Gewaltlosigkeit, gründen aber eine eigene Initiative, das *Student Nonviolent Coordinating Committee* (SNCC, Koordinationskomitee gewaltfreier Studenten). Dies entwickelt sich zum Hauptakteur der Widerstandsaktionen im Süden. Oft arbeitet es mit Kings Organisation zusammen. Doch vor allem in der zweiten Hälfte der 1960er Jahre kommt es zwischen dem SNCC und den konservativeren Organisationen von SCLC und NAACP zu Spannungen.

Die Sit-Ins enden regelmäßig in Verhaftungen. Das amerikanische Recht erlaubt es der Polizei, Beschuldigte selbst bei kleinen Vergehen festzunehmen. In der Regel können sie auf Kaution bis zur Gerichtsverhandlung freikommen. Die Bürgerrechtsbewegung wählt jedoch das Motto *jail, no bail* (»Gefängnis, keine Kaution«). Die Aktivisten bevölkern die Gefängnisse in Massen und setzen dadurch die Behörden unter Druck. Das erweist sich als das »wirksamste Konfrontationsmittel der Bewegung« (Arnulf Zitelmann).

Im Mai 1960 muss Martin Luther King eine Geldbuße von 25 Dollar zahlen. Er hat nach dem Umzug der Familie vergessen, sein Auto umzumelden. Doch weil der zuständige Richter Oscar Mitchell ein Zeichen gegen Kings politisches Engagement setzen will, verurteilt er ihn außerdem zu einer völlig übertriebenen Bewährungsstrafe von einem Jahr. Nun darf er sich zwölf Monate lang nichts zuschulden kommen lassen. Doch im Herbst wird King in Atlanta bei einem Sit-In in einer Cafeteria verhaftet. Der politisch moderate Bürgermeister einigt sich mit den Protestlern darauf, dass die Aktivisten zwei Monate lang keine Aktionen veranstalten. Daraufhin dürfen alle das Gefängnis verlassen – bis auf einen: Martin Luther King.

Der Bürgerrechtler ist während seiner Bewährungszeit straffällig geworden, Richter Mitchell scheint nur darauf gewartet zu haben. Er legt seinen Haftbefehl vor, lässt King in den De-Kalb-Distrikt überstellen und verurteilt ihn am Ende einer Gerichtsverhandlung zu sechs Monaten Zwangsarbeit in der Besserungsanstalt von Reidville. Eine Berufung wird abgelehnt. Noch in der Nacht wird der Gefangene in das berüchtigte Staatsgefängnis verlegt. Bei seinen Anhängern bricht Panik aus: Die Gefahr ist groß, dass er in der für rassistische Gewalt bekannten Anstalt misshandelt oder gar getötet wird.

Der Fall King ist über Nacht zum politischen Skandal geworden.

Doch die Präsidentschaftswahlen stehen kurz bevor. Bei den Republikanern kandidiert Richard Nixon, bei den Demokraten John F. Kennedy. Es wird mit einem Kopf-an-Kopf-Rennen gerechnet. Kennedys Berater empfehlen ihm, für King Partei zu ergreifen. Er ruft Coretta an und verspricht, ihrem Mann zu helfen. Sein Bruder, der Anwalt Robert F. Kennedy, setzt den verantwortlichen Richter unter Druck. Kurze Zeit später kommt King frei. Daddy King, eigentlich ein Nixon-Anhänger, gesteht seiner Gemeinde: »Wenn ich einen Koffer voll Stimmen hätte, würde ich sie samt und sonders Senator Kennedy vor die Füße legen.« Zehn Tage später wird Kennedy mit knappem Vorsprung zum Präsidenten gewählt, rund zwei Drittel der Afroamerikaner haben für ihn gestimmt.

Froh darüber, aus dem Gefängnis entlassen worden zu sein, bleibt King Kennedys Politik gegenüber dennoch skeptisch. Als dieser verkündet, in zehn Jahren einen Menschen auf den Mond zu schicken, kommentiert er sarkastisch: »Aber es gibt kein Programm, einen Neger ins Parlament von Alabama zu bringen.«

Unterdessen geht die Sit-In-Bewegung weiter: Schätzungen zufolge haben sich bis Ende der 1960er Jahre rund 75 000 weiße und schwarze Studierende in 75 Städten des Südens an den Aktionen beteiligt, über 5000 von ihnen sind verhaftet worden. Rund 200 Studenten verlieren daraufhin ihren Studien-, 60 Professoren ihren Arbeitsplatz.

Aber der Erfolg ihres gewaltlosen Kampfes wird sichtbar: In immer mehr Restaurants, Kinos und Supermärkten wird die Rassentrennung aufgehoben. Schließlich gibt es auch in Überlandbussen Sit-Ins. Schwarze und Weiße fahren gemeinsam durch Virginia, North und South Carolina, Georgia, Alabama, Mississippi. Das Ziel der *Freedom Riders* (Freiheitsfahrer): die Aufhebung der Rassentrennung in Bussen und Bahnhöfen. Die Gegner versuchen, die Aktionen gewaltsam zu stoppen: Die Aktivisten werden verprügelt, Busse mit Benzinbomben beworfen.

Die SCLC organisiert eine Protestversammlung gegen die Gewalt in Montgomery, an der rund 1200 Menschen teilnehmen. Bald werden sie jedoch von mehreren tausend Rassisten belagert, Steine und Flaschen fliegen durch die Fenster. Als Martin Luther King mit der Menge draußen sprechen will, verfehlt ihn eine Tränengasbombe nur knapp. Da die Polizisten vor Ort die Rassisten nicht stoppen wollen, fordert King den Justizminister Robert F. Kennedy auf, Schutztruppen zu schicken. Der Bruder des Präsidenten lässt schließlich die Nationalgarde aufmarschieren und beendet damit die Belagerung. Das Grüppchen der Freiheitsfahrer setzt seine Aktion fort – mit Erfolg: Am 1. November 1961 wird die Rassentrennung in den Überlandbussen abgeschafft.

Der mühsame Kampf geht weiter, die Bürgerrechtler konzentrieren sich nun auf Albany, Georgia. Freedom Riders nehmen Kurs auf die Stadt, in Parks, Bibliotheken und Schwimmbädern werden Sit-Ins veranstaltet. Zeitweilig sitzen bis zu 700 Aktivisten im Gefängnis – auch King, inzwischen Vater eines weiteren Sohns (Dexter Scott) reist wiederholt nach Albany und wird viermal verhaftet. Doch der Bürgerrechtsbewegung fehlt dieses Mal ein klares Konzept, die Wirkung der Aktionen verpufft. Der Polizeichef und die städtischen Behörden lassen sich nicht provozieren. Unbekannte entrichten Kautionszahlungen, King und andere Prominente kommen wieder frei. Statt einzulenken, verkauft die Stadt das Schwimmbad und lässt Sitzgelegenheiten aus Parks und Büchereien entfernen: Bevor Schwarze in den Genuss der Bänke kommen, soll lieber niemand in Parks Platz nehmen dürfen.

Als jugendliche Aktivisten das Prinzip der Gewaltlosigkeit aufgeben und sich eine blutige Schlacht mit weißen Rassisten liefern, ruft King zu einem Tag der Buße auf. Doch nur wenige folgen ihm. Frustriert verlässt er die Stadt. Die Aktivisten haben nur erreicht, dass schwarze Polizisten eingestellt werden und sich künftig ein Ausschuss um die Rassenbeziehungen kümmert. Ein zu mageres Ergebnis, findet King. Er analysiert die Fehler bei der Organisation und kommt zu dem Ergebnis: Der Erfolg der Aktionen hängt wesentlich vom Verhalten der Gegenspieler ab. Künftig sollen Protestaktionen nach einem festgelegten Stufenplan ablaufen, um Rückschläge wie in Albany zu vermeiden.

Birmingham und der Weg in die Freiheit

Martin Luther King muss nicht lange auf berechenbare Gegenspieler für eine erfolgreiche Aktion der Bürgerrechtsbewegung warten. Als der baptistische Geistliche Fred Shuttlesworth von der örtlichen Christlichen Bewegung für Menschenrechte in Birmingham, Alabama, die SCLC für eine Protestaktion gegen den Rassismus um Unterstützung bittet, sagt King sofort zu. Für ihn steht fest: »Alle Übel und Ungerechtigkeiten, die Neger erleiden können, sind hier in Birmingham versammelt.« Und nicht nur das, King ahnt, dass auch die Reaktionen der Gegner berechenbar ausfallen werden: Der Gouverneur von Alabama war kurz zuvor mit der Parole »Rassentrennung für immer« aufgetreten. Auch der Bürgermeister von Birmingham ist ein bekannter Rassist. Und der Chef der Polizei, der Feuerwehr und des Schul- und Gesundheitswesens, der *Commissioner of Public Safety*, Theophilus »Bull« Connor, ist wegen seiner Brutalität und Unterstützung des Ku-Klux-Klans berüchtigt. Birmingham ist als Ausgangspunkt zahlreicher Rassenunruhen bekannt.

Mit akribisch vorbereiteten Massendemonstrationen wollen die Bürgerrechtler Verhaftungen provozieren, die dazu führen, dass die Gefängnisse überschwemmt werden. Zudem soll mit Hilfe der Medien der Druck auf Stadt und Staat erhöht werden. Eine erfolgreiche Protestaktion in dieser Stadt, in der laut King »die Menschenrechte so lange mit Füßen getreten worden sind, dass Angst und Unterdrückung ebenso schwelend in der Luft hingen wie der giftige Qualm der Fabriken«, würde die Niederlage von Albany wettmachen und mit ihrer Signalwirkung ins ganze Land ausstrahlen.

Als Ziel der Kampagne formuliert King vier Forderungen an die Stadtverwaltung: die Aufhebung der Rassentrennung in Erfrischungsräumen, Toiletten, Ankleideräumen und an Trinkfontänen in Kaufhäusern; die Einstellung von Schwarzen in Unternehmen auf nichtrassistische Weise; das Fallenlassen aller Anklagen gegen inhaftierte Demonstranten sowie die Einrichtung eines mit Schwarzen und Weißen besetzten Ausschusses, der einen stufenweisen Abbau der Rassentrennung in der Stadt vorbereitet.

Die SCLC unterweist die örtlichen Aktivisten in der Methode des gewaltfreien Protests. Harry Belafonte sammelt Spendengelder. Vor Ort konzentrieren sich die Freiwilligen zunächst auf die Imbisse in Kaufhäusern, in denen nur Weiße bedient werden. Am 3. April 1963 beginnen 30 Demonstranten dort ihre friedlichen Sit-Ins. Sie werden nicht bedient, aber sie kommen wieder – Tag für Tag.

Abends treffen sich die Demonstranten zum Austausch in den Kirchen der Stadt. Martin Luther King, der kurz zuvor zum vierten Mal Vater geworden ist (Bernice Albertine), motiviert die Freiwilligen durch seine Ansprachen und Reden. Die Protestaktion erhält immer mehr Zulauf. Aber es kommen auch kritische Fragen auf: Findet der Boykott zum falschen Zeitpunkt statt?

Ein Richter verfügt am 10. April, dass das Demonstrieren,

Boykottieren, unerlaubte Betreten eines Grundstücks und die Aufstellung von Streikposten generell verboten sind. Martin Luther King, Ralph Abernathy und Fred Shuttlesworth erklären, dass sie sich diesem Verbot widersetzen werden. Zwei Tage später werden sie beim Anführen eines Demonstrationszuges verhaftet.

24 Stunden lang verbringen die drei in Einzelhaft, sogar Anwälte werden nicht zu ihnen gelassen. Als Coretta King selbst nach vier Tagen immer noch keine Nachricht von ihrem Mann hat, informiert sie Justizminister Robert F. Kennedy. Dieser verspricht, sich sofort um die Angelegenheit zu kümmern. Wenig später darf ihr Mann sie anrufen.

Im Gefängnis bekommt King eine Zeitung zugesteckt. Darin haben sich acht Prediger in einem offenen Brief an den Bürgerrechtler gewendet. Unter dem Titel *A Call for Unity* (*Ein Ruf nach Einheit*) kritisieren sie Kings Methoden, die nicht zeitgemäß seien, und rufen zur Mäßigung auf.

Stehend an die Wand gelehnt, verfasst King seine Antwort. Nach und nach schmuggelt er den langen Brief, den er auf Zeitungsrändern, Toilettenpapier und benutzten Umschlägen niedergeschrieben hat, aus dem Gefängnis. Das Schreiben hält erstmals die zentralen Anliegen der Bürgerrechtsbewegung fest. Als deren charismatischer Anführer nach einer Woche aus der Haft entlassen wird, kursieren in den USA bereits eine Million Exemplare des Textes *Why We Can't Wait* (*Warum wir nicht warten können*). Der Name Martin Luther King hat einen neuen Grad an Popularität gewonnen.

Er sei zu dem Schluss gekommen, schreibt King in seinem Brief, dass nicht die weißen Rassisten das große Hindernis der Bürgerrechtler sind, sondern die gemäßigten Weißen, die lieber rassistische Ideen vertreten würden, als sich für Gerechtigkeit einzusetzen. Dem Vorwurf, das Verhalten der Bürgerrechtler in Birmingham sei extrem gewesen, setzt er entgegen:

> War nicht Jesus ein Extremist der Liebe, als er forderte: »Liebet eure Feinde, segnet die, die euch verfluchen, tut wohl denen, die euch hassen, bittet für die, die euch beleidigen und verfolgen.« [...] War nicht Martin Luther ein Extremist, als er erklärte: »Hier stehe ich – ich kann nicht anders.« [...] Und Abraham Lincoln: »Dieses Volk kann nicht bestehen bleiben, halb versklavt und halb frei.« [...] Es ist nicht die Frage, ob wir Extremisten sein wollen, sondern viel mehr, Extremisten welcher Art wir sein wollen. Wollen wir Extremisten für den Hass oder für die Liebe sein? [...]
>
> In grenzenloser Enttäuschung habe ich über die Trägheit der Kirche geweint [...]. [...] Ja, ich sehe in der Kirche den Körper Christi. Aber ach! Wie haben wir diesen Körper aus sozialer Verantwortungslosigkeit und aus Angst heraus, man könnte uns als Nonkonformisten betrachten, geschändet und verunstaltet. [...] Wenn die heutige Kirche nicht aufs Neue den Opfergeist der Frühkirche zurückerobert, dann wird sie ohne Glaubhaftigkeit dastehen und die treue Anhänglichkeit von Millionen Gläubigen verlieren und bald als ein bedeutungsloser Gesellschaftsklub abgeschrieben werden, der im 20. Jahrhundert nichts mehr zu melden hat.

King hebt in seinem Brief aber auch diejenigen Pfarrer hervor, die den Kampf der Bürgerrechtler unterstützten, obwohl sich ihre Gemeinden und Bischöfe von ihnen abgewendet hätten. Er betont, dass er nicht am Erfolg der Aktion von Birmingham zweifelt, »selbst wenn unsere Beweggründe gegenwärtig noch missverstanden werden. Wir werden das Ziel, das Freiheit heißt, in Birmingham und allerorts erreichen, denn das Ziel Amerikas ist eben die Freiheit. Wenn wir auch heute noch verachtet werden, so ist doch unser Schicksal unlösbar mit dem Amerikas verbunden.«

Innerhalb von acht Tagen hat Harry Belafonte 50 000 Dollar gesammelt, King und Abernathy verlassen das Gefängnis – trotz des Mottos *jail no bail*. Die beiden Anführer werden in der Stadt benötigt, um den Fortgang der Protestaktion zu steuern, Unterstützer zu aktivieren und weiteres Geld einzuwerben.

Am Abend des 20. April 1963 versammeln sich die Bürgerrechtler und treffen eine folgenschwere Entscheidung: An den nächsten Protesten sollen sich Schulkinder aktiv beteiligen. In den folgenden Tagen werden Tausende von Kindern und Jugendlichen mit dem gewaltlosen Protest vertraut gemacht. Nach einem Gottesdienst am 2. Mai ziehen Kindergruppen in die Innenstadt. Sie demonstrieren für Gleichberechtigung und integrierte Schulen, dabei singen sie *We shall overcome* (*Wir werden (es) überwinden*). Polizeichef Connor lässt 959 Kinder verhaften. Am nächsten Tag machen sich weitere tausend Kinder auf den Weg. Nun kennt »Bull« Connor keine Gnade mehr: Er lässt Hunde auf die Kinder hetzen und Wasserwerfer auffahren. Die Wucht des Wasserstrahls wirft die Kinder zu Boden und reißt ihnen die Kleidung vom Leib.

Kurz darauf gehen die Fernsehbilder dieses brutalen Polizeieinsatzes um die Welt. Das Weiße Haus erreicht eine Telegrammflut. Präsident Kennedy soll gesagt haben, dass Connor »der beste Verbündete« sei, den die Bürgerrechtsbewegung je hatte. Was sich zynisch anhört, trifft einen wahren Kern: Während die Minderjährigen weiter demonstrieren und die Polizei mit ungebremster Härte gegen sie vorgeht, steht die

Öffentlichkeit längst auf Seite der Bürgerrechtler. »Ich hoffe, das Gewissen der Nation vor den Richterstuhl der Moral zu bringen«, hat Martin Luther King angekündigt. Und genau so geschieht es. Denn kaum jemanden lässt das Schicksal von Kindern unberührt, die von der örtlichen Polizei kaltblütig attackiert werden.

Auch Kennedy reagiert und schickt einen Unterhändler aus dem Justizministerium in die Stadt. Unbemerkt von der Öffentlichkeit soll er Verhandlungen zwischen den Aktivisten und der Stadtverwaltung auf den Weg bringen. Am 10. Mai einigen sich beide Seiten: Innerhalb von 90 Tagen soll die Rassentrennung in Restaurants, Toiletten, Erfrischungs- und Ankleideräumen abgeschafft und innerhalb von 60 Tagen sollen Schwarze ohne Diskriminierung in der Industrie, als Angestellte oder Verkäufer eingestellt und befördert werden. Eine gemischte Kommission soll die Basis für das künftige Zusammenleben von Schwarzen und Weißen erstellen. Alle 2500 verhafteten Demonstranten sollen gegen Kaution freigelassen werden.

Nach der empfindlichen Niederlage in Albany können die Bürgerrechtler nun stolz ihren Sieg feiern – die Bewegung hat nahezu alle Forderungen einlösen können. Die Medien, die Martin Luther King kurz zuvor noch hämisch kritisiert hatten, bejubeln nun den Sieg der Gerechtigkeit.

Doch einen Tag später eskaliert die Gewalt erneut. Vor dem Motel, in dem sich King und andere Bürgerrechtler einquartiert haben, explodiert eine Bombe. Verletzt wird niemand. King appelliert an seine Anhänger, ruhig zu bleiben. Doch es fliegen Steine, Autos werden umgeworfen, Brände gelegt und Menschen verletzt. Kennedy schickt 3000 Bundessoldaten, um die Lage zu entschärfen. Die Bombenattentäter werden

Malcolm X

Wie Martin Luther King wird auch Malcolm X (1925–1965) als Sohn eines Baptistenpastors geboren. Doch seine Familie ist arm. Der Vater stirbt jung, die Mutter wird in die Psychiatrie eingewiesen – die sieben Kinder kommen ins Heim oder zu Pflegeeltern. Malcolm gerät früh auf die schiefe Bahn. Er unternimmt schwere Raubüberfälle. Doch im Gefängnis von Boston vollzieht er eine Wende: Er liest viel und beginnt ein Fernstudium. 1948 schließt er sich der religiösen Gemeinschaft der *Nation of Islam* (NoI) an, die von der Überlegenheit der Schwarzen gegenüber den Weißen überzeugt ist. Aufgrund seiner Intelligenz, seines Wissens und seines rhetorischen Talents steigt er innerhalb der NoI rasch auf. Er leitet die New Yorker Gemeinde und wird zum Nationalen Repräsentanten ernannt.

Er ruft die Schwarzen dazu auf, stolz auf ihr afrikani-

zwar nicht gefasst. Doch aufgrund einer Entscheidung des Obersten Gerichtshofes des Staates Alabama verlieren »Bull« Connor und seine Kollegen ihre Ämter. Von Birmingham geht die Signalwirkung aus, die King sich erhofft hat. In den nächsten Monaten kommt es zu über 800 Demonstrationen in fast 200 Städten.

Während die einen die Erfolge der Bürgerrechtsbewegung feiern, werden sie von anderen verhöhnt. Für die Sit-In-Bewegung, die in Cafés und Imbissen begann, hat Malcolm X nur Zynismus übrig: Eine »integrierte Tasse Kaffee« könne keine Entschädigung für 400 Jahre Sklavenarbeit sein, erklärt er. Der

sches Erbe zu sein und ihre Rechte gegenüber den »blauäugigen Teufeln« mit allen Mitteln zu verteidigen. Er lehnt Rassenintegration, King selbst und seine gewaltfreie Protestmethode ab.

1963/64 bricht er mit der *Nation of Islam.* Er pilgert nach Mekka und distanziert sich öffentlich von der Lehre der NoI. Mit der *Muslim Mosque Inc.* (MMI) und der schwarznationalistischen *Organization of Afro-American Unity* (OAAU) gründet er zwei eigene Organisationen. Ab 1964 setzt er sich für die weltweite Vereinigung der Schwarzen im Kampf für Gleichberechtigung ein, er spricht sich – wie auch Martin Luther King – gegen Rassismus und für soziale Gerechtigkeit aus. Er bemüht sich um eine Zusammenarbeit mit der Bürgerrechtsbewegung, vor allem auch mit Martin Luther King. Doch dazu kommt es nicht mehr. Mitglieder der NoI erschießen Malcolm X 1965 in Harlem. Drei Jahre vor Martin Luther King wird Malcolm X zu einem Märtyrer des Freiheitskampfes.

Wortführer der *Nation of Islam* und viele seiner Anhänger bewerten Kings gewaltfreies Vorgehen als Verbrechen. Da die Weißen die Sprache der Gewalt sprächen, sollten die Schwarzen, um verstanden zu werden, ebenfalls damit anfangen, »ihre Sprache zu sprechen«.

King lässt sich von dieser Kritik nicht beirren. Er bewertet die Aktion von Birmingham mit den detaillierten Analysen im Vorfeld und dem darauf aufbauenden Stufenplan als Höhepunkt im Kampf um Gerechtigkeit: »Das goldene Zeitalter war noch nicht angebrochen, aber Birmingham tat einen frischen, kühnen Schritt der Freiheit entgegen.«

US-Präsident Kennedy, der sich mit dem Thema »Gleichberechtigung der Afroamerikaner« am liebsten erst in seiner nächsten Amtszeit beschäftigt hätte, scheint sich unter Druck gesetzt zu fühlen. Am 11. Juni 1963 kündigt er im Fernsehen ein »revolutionäres Bürgerrechtsgesetz« an. Darin sollen alle rassistischen Bestimmungen aufgehoben und für ungesetzlich erklärt werden.

Doch in den Sommermonaten gehen die Unruhen und Anschläge im Süden zunächst weiter: In Jackson, Mississippi, wird der 37-jährige NAACP-Geschäftsführer Medgar Evers erschossen. In Alabama wird William Moore ermordet, der alleine einen »Ein-Mann-Freiheitsmarsch« unternommen hat. In Birmingham reißt eine Bombe vier schwarze Mädchen beim Besuch der Sonntagsschule in der Sixteenth Avenue Baptist Church in den Tod.

Er hat einen Traum

Kennedy hält Wort. Noch im Juni 1963 legt er ein Bürgerrechtsgesetz (*Civil Rights Act*) vor, das die Rassentrennung in Restaurants, Kinos und Toiletten für illegal erklärt und die Wahlhindernisse für Afroamerikaner abschaffen soll. Im Unterschied zu früheren Gesetzen wird das Justizministerium mit der Umsetzung des Gesetzes betraut. Im Kongress setzt eine langwierige Debatte ein.

Der Sozialist und Bürgerrechtler A. Philip Randolph schlägt der Bürgerrechtsbewegung einen Marsch für Arbeit und Freiheit auf Washington vor, um ihren Forderungen Nachdruck zu verleihen. Martin Luther King und die SCLC lassen sich von seinem Enthusiasmus anstecken und sagen ihre Unterstützung zu. Kennedy versucht, den Protestmarsch zu verhindern – der Zeitpunkt sei ungünstig, die öffentliche Sicherheit könne gefährdet werden. Auch die Verantwortlichen der NAACP sind skeptisch.

Der Marsch soll am Mittwoch, 28. August 1963, stattfinden, beschließen Randolph, King und die SCLC. Nachdem auch der SNCC, der *Congress of Racial Equality* (CORE), und die *National Urban League* (NUL) ihre Unterstützung angekündigt haben, gibt die NAACP ihren Widerstand auf. Während

Randolph die organisatorische Hauptlast trägt, begibt sich Martin Luther King auf Vortragsreise, um Spenden zu sammeln und an seinem zweiten Buch zu arbeiten.

Die zentrale Kundgebung soll am Washington Monument mit einem Vorprogramm beginnen und nach einem Zug über die Independence und die Constitution Avenue zum Lincoln Memorial führen. Veranstalter und Behörden arbeiten bei den Vorbereitungen eng zusammen: Slogans dürfen nur von den Bürgerrechtsorganisationen formuliert werden, Transparente und Banner werden zentral am Washington Monument ausgegeben. »Diese vorherrschende Kompromissbereitschaft erreichte Zensurcharakter, als der SNCC-Vorsitzende Lewis seine Rede argumentativ entschärfen musste«, erklärt der Historiker Tobias Dietrich. Nicht nur Malcolm X ist später der Meinung, dass der Marsch auf Washington »ein Zirkus, eine Vorstellung [ist, C. M.], die alles in den Schatten stellt, was Hollywood inszenieren könnte«.

Mit der Kundgebung soll die Bürgerrechtspolitik des Präsidenten gestützt werden. Außerdem fordern die Organisatoren gesetzliche Regelungen für unterschiedliche Lebensbereiche wie Wohnen und Arbeiten. Der friedliche Zug der Masse soll das Gemeinschaftsgefühl stärken und das Engagement von Rosa Parks würdigen. Das Hauptprogramm sieht zehn Redner à fünf Minuten vor. King als »moralischer Führer der Nation« soll die Schlussrede halten.

An die 2000 Sonderbusse und 30 Züge bringen die 250 000 Menschen aus allen Landesteilen nach Washington, 20 Prozent von ihnen sind Weiße. Neben Sidney Poitier, Harry Belafonte und Marlon Brando marschieren auch 150 Kongressmitglieder mit. Zu Beginn treten Joan Baez, Peter, Paul and Mary auf, die Menschen sitzen im Park und picknicken. Der Historiker Dietrich betont, dass der Eventcharakter zu Beginn überwogen habe. In der Rezeption durch die Medien sei dies aber überbetont worden. Denn als sich die Gruppen schließlich in Richtung Lincoln Memorial aufmachen, wird aus dem Event eine politische Kundgebung. Die Redner fordern wirksame Bürgerrechte, Bundesmittel für Integrationsprogramme und öffentlichen Wohnungsbau, die sofortige Aufhebung der Rassentrennung in sämtlichen öffentlichen Schulen sowie eine Reduzierung der Abgeordnetenzahlen im Repräsentantenhaus für jene Staaten, die das Wahlrecht der Schwarzen behindern.

Randolph hält eine kurze Ansprache. Die Witwe des ermordeten Medgar Evers erinnert an das Engagement von Daisy Bates, Diane Nash, Rosa Parks und anderen Bürgerrechtlerinnen. Bob Dylan tritt auf, auch Odetta Holmes, Mahalia Jackson, der Eva Jessye Choir. Der orthodoxe Rabbiner Uri Miller spricht ein Gebet.

Schließlich steht Martin Luther King auf der Bühne und hält seine *I have a dream*-Rede, die zu einer der meistzitierten Reden überhaupt werden wird:

> […] Ich habe einen Traum, dass eines Tages auf den roten Hügeln von Georgia die Söhne früherer Sklaven und die Söhne früherer Sklavenhalter miteinander am Tisch der Brüderlichkeit sitzen können. Ich habe einen Traum, dass eines Tages selbst der Staat Mississippi, ein Staat, der in der Hitze der Ungerechtigkeit und Unterdrückung fast vergeht, sich in eine Oase der Freiheit und Gerechtigkeit verwandelt. Ich habe einen Traum, dass meine vier kleinen Kinder eines Tages in einer Nation leben werden, in der sie nicht nach ihrer Hautfarbe, sondern nach ihrem Charakter beurteilt werden. […]

Doch King macht in seiner Rede auch klar, dass die Schwarzen nicht schicksalsergeben auf Gerechtigkeit warten werden:

> […] Es wäre verhängnisvoll für diese Nation, wenn sie die Dringlichkeit der gegenwärtigen Lage nicht wahrnehmen würde. Dieser heiße Sommer der berechtigten Unzufriedenheit des Negers wird nicht zu Ende gehen, solange nicht ein belebender Herbst der Freiheit und Gerechtigkeit begonnen hat. 1963 ist kein Ende, sondern ein Anfang. Wer hofft, der Neger werde jetzt zufrieden sein, nachdem er Dampf abgelassen hat, wird ein böses Erwachen erleben, wenn die Nation weitermacht wie vorher.

An die Teilnehmer appelliert er: »Wir müssen unseren Kampf stets auf der hohen Ebene der Würde und Disziplin führen. Wir dürfen unseren erfinderischen Protest nicht zu physischer Gewalt verkommen lassen.«

Politische Ansprache, Predigt und Vision: In seiner zum Teil improvisierten Rede verwendet King Elemente verschiedener Gattungen. Er bettet seine dialektischen Gedanken in den zeithistorischen Kontext ein und verortet sie darüber hinaus in der Bibel. Mit inhaltlichen Rückgriffen auf den Birmingham-Brief entwickelt er eine Vision der Gesellschaft von morgen.

Die Auswirkungen des Marsches auf die Politik sind zwar kaum messbar – für Martin Luther King bedeutet er jedoch den Höhepunkt seiner Karriere. Für einen Tag ist es ihm und der Bürgerrechtsbewegung gelungen, die schwarze Gemeinschaft friedlich zusammenzubringen. Über 500 Medienvertreter sorgen dafür, dass die Bilder und Botschaften aus Washington um die Welt gehen. Auch wenn es innerhalb der Bürgerrechts-

I have a dream: Am 28. August 1963 hält Martin Luther King am Lincoln Memorial in Washington vor 250 000 Menschen seine berühmte Rede, die er zum Teil improvisierte.

bewegung verschiedene Interessen und Strömungen gibt, für die breite Öffentlichkeit symbolisiert Martin Luther King »die« Bürgerrechtsbewegung.

Nach dem Ende der Kundgebung löst sich die Versammlung rasch auf. Für die Anführer der Bewegung steht noch ein Empfang beim Präsidenten auf dem Programm. Es sollte eines der letzten gemeinsamen Treffen von Kennedy und King werden. Denn am 22. November wird der Präsident auf einer Wahlkampfreise in Texas von einem Attentäter erschossen. Dies ist nur eine von vielen Gewalttaten, die den »Freiheitssommer« des für die Bürgerrechtsbewegung entscheidenden Jahres 1963 in einen »Herbst des Horrors« (Peter J. Ling) münden lassen.

Die Bürgerrechtsbewegung reagiert geschockt auf den Mord. Mit Kennedy verliert sie einen Präsidenten, der ihre zentralen Forderungen mit moralischen Argumenten unterstützt hat. Martin Luther King beschäftigt noch ein weiterer Gedanke: Er ist überzeugt davon, dass auch er eines Tages durch ein Attentat ums Leben kommen wird.

Der neue Präsident Lyndon B. Johnson engagiert sich zunächst ebenfalls für die Forderungen der Afroamerikaner. Anders als Kennedy will er dadurch pragmatisch vor allem einer Revolution der Schwarzen zuvorkommen. Gegen viele Widerstände aus dem Kongress setzt er Kennedys Bürgerrechtsgesetz in Kraft. Einige der wichtigsten Forderungen der Bewegung sind nun erfüllt: Aufhebung von Rassentrennung und Diskriminierung in öffentlichen Einrichtungen. Beseitigung der Benachteiligung im Arbeitsbereich. Alle, die sechs Jahre lang eine Schule besucht haben, dürfen wählen.

Am 2. Juli 1964 unterzeichnet Johnson den *Civil Rights* Act im Weißen Haus. Auch Martin Luther King, den das *Time Magazin* zum *Man of the Year* (»Mann des Jahres«) gekürt hat, wohnt dem feierlichen Akt bei. Doch während manche Medien das Gesetz als größten Erfolg der Bürgerrechtsbewegung feiern, fällt Kings Urteil nüchtern aus: Das Gesetz sei zu spät gekommen, habe nichts gekostet und werde auch nichts bewirken. Auch Präsident Johnson scheint sich davon nicht allzu viel zu versprechen, es habe die Schwarzen lediglich »von einer glatten Fünf auf eine schlechte Vier« gebracht, gibt er später zu.

Trotz politischer Absichtserklärungen lebt der Rassismus weiter fort. In New York wird der 15-jährige James Powell von einem Polizisten erschossen. Wie es dazu kommt, ist bis heute ungeklärt. Hat der Junge den Polizisten mit einem Messer bedroht oder ist es ein rassistischer Akt? Der Tod des Fünfzehnjährigen löst die schwersten Rassenunruhen in New York seit Kriegsende aus. Sechs Tage und Nächte liefern sich rund 8000 Menschen in Harlem Straßenschlachten mit der Polizei. Und die Gewalt breitet sich über das gesamte schwarze Ghetto von Brooklyn aus. Ein Toter, 500 Verletzte und 465 Festnahmen, so lautet am Ende die Bilanz.

Nachdem der Polizist, der Powell erschossen hat, von einem Geschworenengericht freigesprochen worden ist, beschließt die Regierung ein Beschäftigungs- und Sozialprogramm für junge Afroamerikaner in Harlem. Doch das Vorhaben ist so schlecht organisiert, dass es nach wenigen Monaten wieder eingestellt wird. Die Rassenunruhen von Harlem werden nicht die letzten bleiben. Aufstände in Philadelphia, Chicago, Jersey City und Los Angeles folgen.

King, international verehrt, reist im September 1964 auf Einladung des Regierenden Bürgermeisters Willy Brandt nach Berlin. Er besucht ein Konzert zu Ehren des ermordeten John F. Kennedy und hält in der Waldbühne eine Rede vor 25 000

Zuschauern. Als er erfährt, dass kurz zuvor ein DDR-Flüchtling an der Berliner Mauer erschossen worden ist, fährt er spontan nach Ost-Berlin und predigt dort in der Sophienkirche. Anschließend fliegt er nach Rom zu einer Audienz bei Papst Paul VI.

Amerikanisches Dilemma

Weil Martin Luther King sich für die Aufhebung der Rassentrennung in einer Badeanstalt in St. Augustine, Florida, einsetzt, wird er im Juni 1964 verhaftet. Er muss 900 Dollar Kaution hinterlegen, um an einer Feier der Yale Universität teilzunehmen, auf der ihm die Ehrendoktorwürde verliehen wird. Anschließend kehrt er ins Gefängnis zurück – ein »amerikanisches Dilemma« (Gunnar Myrdal).

Offizielle Einladungen aus dem Ausland, Auszeichnungen und Ehrungen tragen nicht nur dazu bei, Kings persönlichen Einfluss zu erhöhen. Der internationale Druck hilft auch der Bürgerrechtsbewegung bei der Durchsetzung ihrer Forderungen. Im Dezember 1964 kommt die vielleicht bedeutendste Auszeichnung hinzu: der Friedensnobelpreis. King ist, als ihm der Preis verliehen wird, 35 Jahre alt und damit jünger als alle Preisträger vor ihm. Von überall auf der Welt erreichen ihn Gratulationen. Mit Verwandten, Freunden und Mitarbeitern reist er nach Oslo, um die Auszeichnung entgegenzunehmen. Das Preisgeld von rund 54 000 Dollar spendet er der Bürgerrechtsbewegung.

Doch wer so viel Anerkennung erhält, hat auch ernstzunehmende Gegner. Einer davon ist J. Edgar Hoover, Chef des *Fede-*

ral Bureau of Investigation (FBI). Der Direktor der Bundespolizei verabscheut King als Person, und er missbilligt die Ziele der Bürgerrechtsbewegung. Der für seinen Rassismus bekannte Hoover fühlt sich von dem »potentiellen Messias« bedroht, weil dieser die Schwarzen befreien und sie gegen die Weißen aufhetzen wolle. Schon 1956 hat Hoover Informanten in die Bürgerrechtsbewegung eingeschleust, um falsche Hinweise zu streuen und Streit anzuzetteln.

Nachdem King sich 1961 in einem Artikel öffentlich für die Beseitigung des Rassismus im FBI und für mehr Schwarze in dessen Dienststellen ausspricht, rückt er endgültig in den Fokus der Bundespolizei. Die zunächst oberflächlichen Untersuchungen werden ein Jahr später intensiviert, als herauskommt, dass der Rechtsanwalt Stanley D. Levison ein enger Berater Kings ist. Dieser wird verdächtigt, Verbindungen zur Kommunistischen Partei zu unterhalten. Das Büro des Anwalts wird abgehört.

Präsident John F. Kennedy und sein Bruder, der Justizminister Robert F. Kennedy, versuchen King dazu zu bringen, sich von Levison loszusagen. Doch King lehnt ab: »In dieser Freiheitsbewegung gibt es so viele Kommunisten wie Eskimos in Florida.« Hoover bezeichnet den Bürgerrechtler als »notorischsten Lügner des Landes«. Levison selbst drängt King schließlich dazu, den direkten Kontakt mit ihm zu meiden. Die Verbindung zwischen der Bürgerrechtsbewegung und dem Kennedy-Clan sei zu wichtig und dürfe nicht aufs Spiel gesetzt werden. King willigt schließlich ein und kontaktiert den Anwalt nur noch über einen Mittelsmann.

Kings *I have a dream*-Rede ordnet das FBI als »kraftvolle demagogische Rede« ein, die beweise, dass der Bürgerrechtler der für die Zukunft der Nation gefährlichste Afroamerikaner sei. Das Büro erstellt eine Studie über den Kommunismus und die Bürgerrechtsbewegung. Das FBI kann zwar nicht beweisen, dass die SCLC von Kommunisten unterwandert ist, doch die Untersuchung betont, dass sich das Land »mitten in einer sozialistischen Revolution« befinde, deren »harter Kern« die Rassenbewegung sei.

Das FBI will Kings Einfluss verringern und konzentriert sich darauf, ihn als Privatmenschen in Verruf zu bringen. Ende 1963 beginnt die Bundespolizei damit, Kings Büro, seine Hotelzimmer und die Wohnung abzuhören. Auf diesem Weg sammelt die Behörde Material, um ihn unter Druck zu setzen: Informationen über anstehende Protestaktionen, abfällige Bemerkungen über Politiker, Witze und private Äußerungen. Über Wanzen erfährt das Büro auch von Kings außerehelichen Affären. Das FBI schickt eindeutige Tonaufnahmen von Treffen mit seinen Geliebten an Coretta, lässt Journalisten intimes Material zukommen und bedroht King direkt. Doch der Bürgerrechtsbewegung gelingt es, diese Angriffe ins Leere laufen zu lassen. Auch die Medienvertreter lassen sich von Hoover nicht in Beschlag nehmen.

Coretta Scott King äußert sich nicht öffentlich zu den Affären ihres Mannes. Über die Angriffe sagt sie später: »Das FBI verfuhr mit der Bürgerrechtsbewegung wie mit einer feindlichen auswärtigen Macht, die die USA attackiert.« Auch wenn viele Protokolle infolge eines Gerichtsbeschlusses erst im Jahr 2027 öffentlich zugänglich sein werden, kommt ein Senatsausschuss, der Hoovers Aktivitäten 1975 untersucht hat, zu einer ähnlichen Einschätzung wie Kings Frau: »Die Unterlagen des FBI machen deutlich, mit welchem Erfolg es der Kampagne gelungen war, King in einen bedrohlichen Dauerzustand von innerer Verängstigung zu versetzen.« Von 1965 an ist das FBI dazu übergegangen, Kings politische Pläne auszuspionieren. King selbst ist damals überzeugt: »Sie wollen mich brechen.«

Kommunismusverdacht, persönliches Fehlverhalten, politische Pläne: Bei der Beobachtung Kings durch das FBI lassen sich drei Phasen ausmachen. Allen ist gemeinsam, so der Historiker David J. Garrow, dass J. Edgar Hoover Martin Luther King als Bedrohung der amerikanischen Kultur erlebt hat. Hoovers Einschätzung, dass King nicht nur ein auf Versöhnung setzender Reformer sei, sondern eine radikale Bedrohung für die Nation darstelle, kommt der Realität ironischerweise näher, als man zunächst vermuten könnte: Mitte der 1960er gewinnen Martin Luther Kings Ansichten an Radikalität.

Radikale Revolution

In Selma, Alabama, werden Afroamerikaner, die sich in die Wählerlisten eintragen lassen wollen, schikaniert. Mit Protestmärschen soll 1965 auf diesen Missstand aufmerksam gemacht werden. Auf einer der Demonstrationen wird der 26-jährige Jimmy Lee Jackson erschossen. Bei seiner Beerdigung hält King die Trauerrede und ruft erneut zu Gewaltlosigkeit auf. Er bittet Präsident Johnson, die Nationalgarde nach Selma zu schicken, da Bürgermeister und örtliche Polizisten nicht die Opfer, sondern die Angreifer schützen. Anschließend ruft er zu einem Marsch von Selma nach Montgomery auf. Am 7. März 1965 machen sich 500 Aktivisten in friedlicher Absicht auf den Weg, werden aber von Polizisten brutal zusammengeschlagen.

Zwei Tage später startet ein zweiter Demonstrationszug mit insgesamt 1500 schwarzen und weißen Menschen. Als sie die Polizeikette erreichen, knien die Demonstranten nieder und beginnen zu beten. Um eine Eskalation der Gewalt zu verhindern, bittet King sie darum, nun umzukehren. Die Menschenmenge folgt seiner Aufforderung – und beeindruckt damit die Öffentlichkeit. King organisiert einen dritten Anlauf des Marsches nach Montgomery.

Doch zunächst ist ein weiteres Todesopfer zu beklagen: Am

Abend prügeln vier Mitglieder des Ku-Klux-Klan mit Holzplanken auf drei Geistliche ein. James Reeb, Vater von fünf Kindern, stirbt zwei Tage später. Im ganzen Land kommt es zu Protesten. Allein in Washington ziehen 4000 religiöse Anführer Richtung Weißes Haus, um ein wirkungsvolles Wahlgesetz zu fordern.

Zum Gedenkgottesdienst für Reeb kommen mehr als 2000 Menschen, King hält die Grabrede. Noch am gleichen Abend bezieht Präsident Johnson Stellung und erklärt die Gleichberechtigung der Schwarzen zu einer Angelegenheit von nationaler Bedeutung. King zeigt sich erfreut darüber, dass es der

Marsch nach Montgomery: Am 21. März 1965 marschiert Martin Luther King (winkend, 5. v. r.) in der ersten Reihe mit. Die Teilnehmer der Kampagne wollen die 50 Meilen entfernte Hauptstadt des Bundesstaates Alabama in fünf Tagen erreichen.

Bürgerrechtsbewegung mit ihrem Protest gelungen ist, an das Gewissen der Nation zu appellieren.

Und obwohl Polizisten erneut auf Demonstranten einschlagen, unternehmen am 21. März rund 5000 Demonstranten einen dritten Versuch, nach Montgomery zu marschieren. Mit den Behörden ist vereinbart worden, dass die Teilnehmer acht Meilen den Highway entlanglaufen und sich der Zug dann auflöst. Nur 300 Bürgerrechtler sollen weitermarschieren, eine kleine Gruppe, die dann in Montgomery wieder auf die übrigen Demonstranten stößt.

Am Abend vor der Ankunft der 300 Demonstranten veranstalten Harry Belafonte, Leonard Bernstein, Billy Eckstine, Tony Bennett, Nina Simone und Sammy Davis junior in Montgomery ein eindrucksvolles Konzert. Am nächsten Tag kommen rund 50 000 Menschen in die Stadt. Mit seiner Rede will King Zuversicht verbreiten: »Wir sind jetzt auf dem Marsch, und keine Woge des Rassismus kann uns aufhalten.« Vor den Afroamerikanern liege noch eine Zeit des Leidens, doch diese werde nicht mehr lange dauern. Denn »keine Lüge lebt ewig«.

Und Selma fordert noch ein drittes Todesopfer: Als Viola Liuzzo, Mutter von fünf Kindern, mit ihrem Auto einige Demonstranten nach Selma zurückfährt, wird sie von weißen Rassisten erschossen. Präsident Johnson verurteilt die Tat als »Schandfleck unserer amerikanischen Gesellschaft«.

Am 6. August 1965 verabschiedet der Kongress den *Voting Rights Act.* Das Gesetz stellt die Wahlen in vielen Teilen des Südens unter Bundesaufsicht und schafft alle Lese- und Verständnistests ab. *We shall overcome* (*Wir werden (es) überwinden*) zitiert Präsident Johnson das Leitmotiv der Bürgerrechtsbewegung.

Hymne der Bürgerrechtsbewegung

Das Protestlied *We shall overcome* (*Wir werden (es) überwinden*) wird Anfang der 1960er Jahre in der Version von Joan Baez zur Hymne der Bürgerrechtsbewegung. Das Stück geht auf den Gospel *I'll Be All Right* zurück, der mehrfach umgetextet und erweitert worden ist. Schon zwanzig Jahre zuvor haben Tabakarbeiterinnen das Lied bei einem mehrmonatigen Streik gesungen.

Das Gesetz, urteilt King, gibt den Afroamerikanern im Süden endlich »den Wahlzettel in die Hand, der ihnen hundert Jahre lang durch Terror und Umgehung der Bestimmungen verweigert worden« ist. Und die Schwarzen nehmen dieses Recht in Anspruch: Allein in Selma steigt die Anzahl der Wähler in einem Jahr von 333 auf 9000. Die Registrierung schwarzer Wähler erreicht mit zirka 60 Prozent in etwa das Niveau der weißen Amerikaner im Süden. Auch die Anzahl schwarzer Politiker nimmt landesweit rasch zu, von rund 70 auf über 700. Atlanta, New Orleans und auch Birmingham, die einstige Rassistenhochburg, werden von schwarzen Bürgermeistern regiert.

Aber der *Voting Act* löst nicht alle Probleme. Und nicht alle Afroamerikaner sind davon überzeugt, dass Kings gewaltloser Weg der richtige ist. »Ich glaube nicht, dass sich die Neger in größerem Umfang Gewalttätigkeiten zuwenden werden«, ist der Bürgerrechtler selbst noch 1964 überzeugt. Doch die Rassenunruhen in Harlem, Brooklyn, Philadelphia und Chicago sprechen eine andere Sprache. Am 11. August 1965 gerät der Stadtteil Watts in die Schlagzeilen. In dem Viertel von Los Angeles, in dem viele Afroamerikaner leben, brechen schwere Rassenunruhen aus.

Eine Verkehrskontrolle ist der Auslöser für die Ausschreitungen, die fünf Tage dauern und 34 Tote sowie über 1000 Verletzte fordern. Fast 4000 Menschen werden verhaftet. Es entsteht ein Sachschaden von rund 46 Millionen Dollar. Eine Untersuchungskommission kommt zu dem Schluss, dass hohe Arbeitslosigkeit, zu wenig Schulen und katastrophale Lebensbedingungen die Ursache für die Unruhen gewesen sind. Doch politische Konsequenzen bleiben aus, weitere Aufstände in Cleveland, Baltimore und Detroit sind die Folge.

Martin Luther King, der auch nach Watts gereist ist, erkennt, dass er mit seiner Botschaft die dort lebenden Afroamerikaner nicht erreicht hat. »Wir haben uns bisher zu ausschließlich auf die Probleme des Südens konzentriert«, gibt er offen zu. Der Schriftsteller James Baldwin hat schon früh, so Arnulf Zitelmann, vor gewaltsamen Unruhen gewarnt: »Die Lage der Neger in den Großstädten ist explosiver, weil sie verzweifelter und auswegloser ist. Im Süden ist die Diskriminierung nackt und unverblümt. Die so genannten liberalen Rassenbeziehungen in den Städten des Nordens sind viel schlimmer. Als Klassenkonflikt äußert sich dort, was in Wirklichkeit ein Rassenkonflikt ist.«

»Das Recht, im gleichen Raum wie Weiße zu essen, nützt nichts, wenn man kein Geld hat, das Essen zu kaufen«, so bringt die Historikerin Waldschmidt-Nelson die Einsicht von Martin Luther King auf den Punkt. Der Bürgerrechtler erkennt, dass er den Teufelskreis Rassismus – Arbeitslosigkeit – Armut – Drogensucht – Verbrechen bekämpfen muss. Seine Ansichten werden radikaler. Das Ghetto-System erweist sich für ihn als landesinnerer Kolonialismus, dessen einziger Zweck es ist, die Machtlosen einzuschließen und diesen Zustand zu zementieren.

Was nun geschieht, bewerten Historiker wie Norbert Finzsch als bemerkenswert: Aus dem »religiös motivierten Führer einer gewaltfreien Protestbewegung, die auf dem wirtschaftlichen Auge weitgehend blind gewesen ist«, wird nun ein Anführer, der den Klassenstatus der unterdrückten afroamerikanischen Minderheit immer stärker in den Mittelpunkt rückt.

Anfang 1966 bezieht Familie King vorübergehend eine Slumbehausung in Chicago. Weitere Mitarbeiter der SCLC folgen ihrem Beispiel. Aber die Menschen in den Slums des Nordens haben nicht auf die Bürgerrechtler gewartet. Dennoch versucht King, sie auf der Straße und in den Kneipen von seinem Prinzip der Gewaltlosigkeit zu überzeugen. Einige Monate später führt er einen Marsch von mehreren zehntausend Demonstranten auf das Rathaus an. Sie fordern bessere Schulen, Arbeitsverhältnisse und Wohnungen. Doch der Bürgermeister lehnt ab. Daraufhin brechen in der Stadt schwere tagelang anhaltende Unruhen aus. Im August gelingt es King, mit den Behörden einen Vertrag auszuhandeln. Sie verpflichten sich dazu, für bessere Wohnbedingungen der Schwarzen zu sorgen und die Ghettos aufzulösen.

Ein Jahr zuvor hat Martin Luther King sich vor 400 Delegierten der SCLC erstmals zum Vietnamkrieg geäußert und dessen Ende gefordert. Seine maßvolle Rede wird von den Bürgerrechtlern als angemessen bewertet. Dann werden überall die hohen Kriegskosten diskutiert. Während rund 60 Prozent der Landesausgaben für Vietnam bestimmt sind, fließen nur sechs Prozent in Sozialausgaben.

Daddy King warnt seinen Sohn davor, sich kritisch zu Vietnam zu äußern, King gerät in einen inneren Konflikt. Von seinem Vater zum Patrioten erzogen, will er nicht als Vaterlandsverräter dastehen. Auch will er die Aktivisten im Kampf gegen den Rassismus nicht spalten. Doch er ist ebenso ein überzeugter Vertreter des gewaltfreien Kampfes. Immer mehr gelangt er zu der Überzeugung, dass nicht einzelne Personen wie »Bull« Connor das Problem sind. In seinen Augen haben Vietnam und die Zustände in den Ghettos ein und dieselbe Ursache: ein Gesellschaftssystem, das über Leichen geht.

1967 werden Sozialhilfeprogramme gekürzt, die Lage in den Ghettos explodiert erneut. Präsident Johnson setzt Bundestruppen, Fallschirmjäger und Panzer ein. Die blutigen Aufstände in über 70 Großstädten fordern 83 Tote und 4000 Verletzte, 8000 Menschen werden verhaftet. Um die Wut der Ghettobewohner zu kanalisieren, plant King für den Herbst eine »Arme-Leute-Kampagne«, zu der sich nicht nur Afroamerikaner, sondern alle sozial Schwachen verbünden sollen. Das Vorhaben stößt auf massive Kritik, sowohl seitens der Regierung als auch bei der NAACP. Während der Verband die Aktion für übertrieben hält, geht sie dem SNCC wiederum nicht weit genug. Der Zusammenschluss der Studenten fordert *Black Power*, so ein Buchtitel des Romanciers Richard Wright. Während die amerikanische Öffentlichkeit und konservative Afroamerikaner den Slogan als Aufruf zur Gewalt verstehen, ist damit zunächst die Forderung nach schwarzem Selbstbewusstsein und Distanzierung zur weißen Gesellschaft gemeint. Doch *Black Power* wird auch Teil des schwarzen Nationalismus, dem sich viele enttäuschte Schwarze ab Mitte der 1960er Jahre anschließen. Die Bürgerrechtsbewegung droht auseinanderzubrechen.

Und obwohl die große, vom Nationalismus getragene Begeisterung über den Vietnamkrieg noch anhält, gibt King am 4. April 1967 in seiner Rede *Beyond Vietnam* (*Jenseits von Vietnam*) seine verbale Zurückhaltung endgültig auf: »Eine Nation, die weiterhin Jahr für Jahr mehr Geld für militärische Verteidigung als für den Ausbau sozialer Reformen ausgibt, gerät in die Nähe des geistigen Todes.« Er kritisiert, dass der Zusammenschluss von Rassenwahn, Materialismus und Militarismus zu einem System geführt hat, für das Profitstreben wichtiger ist als die Menschen, denen es zu dienen hat: »Ich bin davon überzeugt«, sagt er, »dass unser Volk eine radikale Revolution der Werte vornehmen muss, wenn es sich auf die richtige Seite der Weltrevolution stellen will.«

Die Presse reagiert entsetzt. Zum ersten Mal stellt sie sich gegen den Anführer der Bewegung und wirft ihm Vaterlandsverrat vor. Die Spendeneingänge der SCLC gehen rapide zurück. Auch in den eigenen Reihen wird immer häufiger Kritik laut. Viele Bürgerrechtler wollen keine gemeinsame Sache mit der Friedensbewegung machen. Manche Mitarbeiter ziehen sich sogar zurück, sie sind davon überzeugt, dass King bei diesem Thema nicht für alle Afroamerikaner sprechen darf. Doch King kann nicht gegen seine eigene Überzeugung handeln. Für ihn liegen das Engagement für Bürgerrechte und der Einsatz für den Frieden eng beieinander.

In seiner Rede hat King die USA auch als »den gegenwärtig größten Lieferanten von Gewalt in der Welt« bezeichnet. Was viele Bürgerrechtler befürchtet haben, tritt bald ein: Das Verhältnis zwischen Bewegung und Regierung verschlechtert sich. Mittel werden gestrichen, King zur Persona non grata erklärt.

Doch davon unbeeindruckt, verfolgt Martin Luther King sein Ziel, einen Marsch der Armen auf Washington zu organisieren, um so auf die verheerende Situation der Menschen in den Slums aufmerksam zu machen. Zum ersten Mal will er damit nicht nur die Interessen von Afroamerikanern vertreten. King wirbt im ganzen Land für seine für April geplante Aktion. Bei einer Rede zum 100. Geburtstag des schwarzen Freiheitskämpfers Dr. William E. B. Du Bois erklärt er in New York: »Wir müssen nach Washington ziehen, weil sie im Krieg gegen die Armut einen Waffenstillstand erklärt haben, während sie Milliarden verschwenden, um einen sinnlosen, grausamen und ungerechten Krieg in Vietnam auszuweiten.« King ist sich sicher: »Dr. Du Bois wäre in der vordersten Reihe der heutigen Friedensbewegung.«

Zeitgleich bricht in Memphis, Tennessee, ein Streik unter den schwarzen Müllarbeitern aus, die eine gerechte und angemessene Bezahlung fordern. Die Polizei greift zu Schlagstöcken und Tränengas. King wird gebeten zu kommen, doch er zögert. Er muss dringend die Organisation seines Marsches vorantreiben. Aber als er hört, dass sich selbst weiße Gewerkschaften für das Anliegen der Schwarzen einsetzen, macht er sich auf den Weg.

Plötzlich fällt ein Schuss

Als sich King in Memphis den Protesten der streikenden Müllarbeiter anschließt, gerät die Demonstration außer Kontrolle. Jugendliche werfen Steine, die Polizei greift ein: Es gibt einen Toten, 60 Menschen werden verletzt, 280 Demonstranten verhaftet. Die Plünderungen dauern an, schließlich werden zur Beruhigung der Lage die Nationalgardisten eingesetzt.

Obwohl King nur die örtlichen Aktivisten unterstützt hat und für die Protestaktion gar keine Verantwortung trägt, wird der Gegner des Vietnamkriegs vorgeführt und als Martin »Looser« King lächerlich gemacht. Ahnte er, dass sich einige Demonstranten abgesprochen haben, um die Situation eskalieren zu lassen? Vermutete er, dass das FBI daran beteiligt war? Aus heutiger Sicht gilt es als wahrscheinlich, dass die Sicherheitsbehörde Demonstranten dafür bezahlt hat, die Polizei zu provozieren und friedliche Teilnehmer anzupöbeln.

Doch King ist Kritik gewohnt. Außerdem erhält er überraschende Unterstützung aus Washington: Präsident Johnson, der für keine weitere Amtszeit kandidieren wird, setzt sich für Verhandlungen mit Nordvietnam und damit für ein Ende des Krieges ein.

Kurz darauf fliegt Martin Luther King erneut nach Memphis. Dieses Mal will er sich an den Vorbereitungen für die schließlich für den 8. April angekündigte Protestaktion beteiligen. King verhandelt mit radikalen Jugendlichen. Er überzeugt sie davon, auf Gewalt zu verzichten.

Am 3. April 1968 predigt er in der *Meason Temple Church* in Memphis. In seiner sogenannten »Berggipfelrede« fasst er sein eigenes Leben zusammen. Er blickt auf die großen Erfolge der Bürgerrechtsbewegung zurück und wirft einen Blick in die Zukunft. Dabei macht er einmal mehr deutlich, dass er bereit ist, für seine Überzeugung zu sterben – hat er den eigenen Tod geahnt?

> Wie jeder andere würde ich auch gern lange leben. Ein langes Leben hat seinen Wert. Aber darüber bin ich jetzt nicht besorgt; ich möchte nur Gottes Willen tun. [...] Er hat mir erlaubt, auf den Berg zu steigen. Und ich habe hinübergesehen. Ich habe das Gelobte Land gesehen. Vielleicht gelange ich nicht dorthin mit euch. Aber ihr sollt heute Abend wissen, dass wir, als ein Volk, in das Gelobte Land gelangen werden. Und deshalb bin ich glücklich heute Abend. Ich mache mir keine Sorgen. Ich fürchte niemanden. Meine Augen haben die Herrlichkeit des kommenden Herrn gesehen.

Nachdem Kings Gegner, offenbar lanciert vom FBI, ihm vorgeworfen haben, im Hotel eines Weißen zu übernachten, sind er und sein Team in dem einfachen Lorraine Motel abgestiegen. Am 4. April bespricht King dort mit seinem Bruder die Predigt, die er für einen Gottesdienst in der Ebenezer Baptist Church in Atlanta vorbereitet. Die beiden rufen gemeinsam ihre Mutter an. Später sind sie zum Essen eingeladen, und eine Sitzung steht auf dem Programm.

Langsam wird es Zeit für die Abfahrt, Martin Luther King muss sich noch umziehen, doch er trödelt. Er geht in sein Zimmer und sucht sich ein Hemd und eine Krawatte aus. Während er sich ankleidet, betritt er den Balkon. Unten vor dem Motel entdeckt er den Saxophonisten Ben Branch. Dieser leitet das *Breadbasket Orchestra and Choir* für die SCLC, das schon bei zahlreichen Benefizveranstaltungen aufgetreten ist. Auch an diesem Abend soll Branch spielen. Martin Luther King wünscht sich von ihm den Gospel *Take My Hand Precious Lord.* Solomon Jones, der King an diesem Tag fahren soll, unterbricht das Geplänkel und empfiehlt dem Bürgerrechtler, seinen Mantel mitzunehmen. Es soll kühl werden an diesem Abend. Ralph Abernathy merkt, dass er kein Rasierwasser benutzt hat, und hastet noch einmal auf sein Zimmer. Es ist 18.01 Uhr, als plötzlich ein Schuss fällt.

Martin Luther King bricht auf dem Balkon zusammen. Die Kugel ist in seinen Hals eingedrungen. Er wird sofort ins St.-Joseph-Hospital eingeliefert. Jesse Jackson ruft Coretta in Atlanta an. Sie macht sich unmittelbar auf den Weg zum Flughafen. Dort angekommen, ruft man sie ans Telefon. Sie ahnt, dass es eine schlechte Nachricht sein wird. Sie bittet eine Freundin, das Gespräch entgegenzunehmen. Als Dora McDonald nach einem Raum fragt, in den sie sich zurückziehen können, »da wusste ich, dass Martin tot war«.

Die Familie ist erschüttert. Doch zum Nachdenken oder Trauern bleibt zunächst keine Zeit. Aus der ganzen Welt kommen Beileidsbekundungen. Präsident Johnson kondoliert ebenso wie Harry Belafonte. »Eine Nation nahm Anteil«, fasst Gerd Presler die Reaktionen zusammen, »aber sie schrie auch auf.« In über 110 Städten brechen Krawalle aus, bei denen 40 Menschen ihr Leben verlieren, 2000 werden verletzt, es kommt zu Plünderungen und Brandstiftungen. 10 000 Menschen werden verhaftet.

Coretta Scott King, die Drohbriefe, Hassanrufe und Bombenattentate stoisch ertragen hat, wächst erneut über sich hinaus. Nur vier Tage nach der Ermordung ihres Mannes nimmt die junge Witwe mit drei ihrer vier Kinder und 35 000 Teilnehmern am friedlichen Protestmarsch in Memphis teil, in dessen Folge die Stadtverwaltung die Gewerkschaft endlich anerkennt.

Nur einen Tag später, am 9. April, findet in Atlanta Martin Luther Kings Trauerfeier statt. Sein langjähriger Freund Ralph Abernathy leitet den Gottesdienst, dem auch viele Prominente wie Senator Robert F. Kennedy, der republikanische Präsidentschaftskandidat Richard Nixon und der New Yorker Gouverneur Nelson Rockefeller beiwohnen. Abernathy ist es auch, der dafür gesorgt hat, dass der schlichte Sarg auf einem Maultiergespann durch die Stadt gezogen wird. Der symbolische Bezug zu den Wurzeln der Bürgerrechtsbewegung hätte Martin Luther King sicherlich gefallen.

Darüber hinaus steht das Protokoll im Vordergrund: Der Theologe Lotan Harold DeWolf, bei dem King in Boston studiert hat, hält die Gedenkrede. Der letzte Marsch des Bürgerrechtlers führt am Morehouse College vorbei, wo Dr. Benjamin Mays seines früheren Schülers gedenkt. Die Angaben über die Anzahl der Trauergäste schwanken: 50 000 bis 100 000 wohnen der sechsstündigen Zeremonie bei, die nichts mit dem kurzen Ritual gemein hat, das sich der Tote wünschte. Als dann jedoch Mahalia Jackson den Gospel *Take My Hand Precious Lord* anstimmt, erfüllt sie Martin Luther Kings letzten, kurz vor seinem Tod auf dem Balkon des Motels geäußerten Wunsch.

Sein Mörder wird bald gefasst. James Earl Ray, ein vorbestrafter Kleinkrimineller und Rassist, wird am 8. Juni 1968 in London verhaftet. Etwa ein Jahr nach der Tat legt er ein Geständnis ab, um der Todesstrafe zu entgehen. Er gibt zu, King erschossen zu haben. Nach der Tat sei er geflohen, habe seine Waffe jedoch am Tatort zurückgelassen. Wenige Tage später zieht er das Geständnis wieder zurück. Ein Gericht verurteilt ihn zu 99 Jahren Haft.

Aber war Ray wirklich der Täter? Und handelte er alleine? Die Fragen lassen sich bis heute nicht beantworten. Wie bei der Ermordung von J. F. Kennedy ranken sich auch um das Attentat auf King viele Geschichten und Verschwörungstheorien. Vom Justizministerium, Repräsentantenhaus und der Staatsanwaltschaft angeordnete Untersuchungen kommen zu dem Ergebnis, dass Ray geschossen hat. Ob er aber im Vorfeld Helfer bei der Tat hatte, lässt sich angeblich nicht mehr klären. Zwei ballistische Analysen ergeben, dass sich nicht mit Sicherheit feststellen lässt, ob die am Tatort sichergestellte Waffe auch die Tatwaffe ist. Auch könne man nicht sicher sagen, dass Ray sie abgefeuert hat.

Der Verurteilte versucht, die Wiederaufnahme seines Verfahrens zu erreichen. Er behauptet, das Bauernopfer einer Verschwörung zu sein. Er habe King nur getötet, erklärt er in unterschiedlichen Versionen, weil er von einem gewissen Raoul den Auftrag dazu erhalten habe.

Ein Sonderausschuss des Kongresses wird eingesetzt und kommt zehn Jahre nach Kings Tod zu dem Ergebnis, dass vielleicht Rays Bruder der gesuchte Hintermann ist. Durch den Mord habe er an das Kopfgeld kommen wollen, das eine Gruppe von Rassisten in St. Louis ausgesetzt hat. Doch diese Einschätzung findet kaum Beachtung, der Fall landet bei den Akten.

Auch Coretta Scott King und ihre Kinder glauben nicht an einen Einzeltäter. 1997 trifft Dexter King, Martin Luther Kings jüngster Sohn, James Earl Ray im Gefängnis, um dessen Version der Tat zu hören. Er ist davon überzeugt, dass hinter dem Mord an seinem Vater die Regierung gesteckt hat.

Ein Jahr später wird Rays Verfahren wieder aufgenommen. Loyd Jowers, ein 73-jähriger, schwerkranker Restaurantbesitzer aus Memphis, wird schuldig gesprochen. Er soll Teil einer Verschwörung gewesen sein, die den Mord an Martin Luther King zum Ziel hatte. Doch es bleibt offen, mit wem genau Jowers konspiriert hat: Dennoch, Familie King ist erleichtert. Ihre Einschätzung hat sich vor Gericht bestätigt. Aber sie ist auch enttäuscht, denn diese neue Bewertung des Falls wird von den Medien kaum wahrgenommen. Auch Ray nützt der Richterspruch nichts mehr, er stirbt noch im selben Jahr an Nierenversagen. Familie King fordert nach dem Urteil eine umfassende Untersuchung. Zwei Jahre später kommt eine weitere Kommission zu dem Ergebnis, dass es keine Beweise für eine Verschwörung gebe.

Aber was ist die Wahrheit? Anwälte, Botschafter, Detektive und der King-Biograf David Garrow sind weiterhin überzeugt, dass King das Opfer eines Komplotts geworden ist, an dem die Mafia, Teile des Militärs und das FBI beteiligt waren. Vielleicht werden wir in einigen Jahren mehr dazu erfahren. Dann nämlich, wenn 2027 die aus rund 600 000 Seiten bestehenden Akten der Untersuchungskommission öffentlich zugänglich gemacht werden.

Wo er war, wurde die Bewegung sichtbar

Mit seinem Charisma hat Martin Luther King der Bürgerrechtsbewegung ein Gesicht, mit seinem rhetorischen Talent eine Stimme verliehen. So hat er das Thema Gleichberechtigung in den Köpfen verankert. Mit seinen Büchern hat er der Bürgerrechtsbewegung Einnahmequellen gesichert. Sein Festhalten am Prinzip der Gewaltlosigkeit in seinem Kampf für Gleichberechtigung und die Abschaffung des Rassismus hat ihn für Schwarze und Weiße zur moralischen Instanz, zum »Gewissen der Nation« werden lassen.

Doch sein Engagement ist vor allem im Süden der USA erfolgreich gewesen. Sein Einsatz etwa in den Ghettos von Chicago oder auch die »Arme-Leute-Kampagne« nach seinem Tod in Washington, bei der mehrere tausend Menschen sechs Wochen lang in einer Zeltstadt nahe dem Weißen Haus kampierten, zeigten nur mäßigen Erfolg. Die Christliche Führungskonferenz, die SCLC, hat parallel zu Kings Karrierehöhepunkt ihren größten Einfluss erreicht. Oft ist darüber spekuliert worden, ob dies King zuzuschreiben sei. Doch neueren Forschungen zufolge erlangte sie eigenständig ihre große Bedeutung. In King sieht der Historiker Tobias Dietrich vor allem den Repräsentanten, der die gemäßigten, gewaltlosen und vermittelnden Forderungen glaubwürdig nach außen verkörpert hat.

Christliche und weltliche Aktivisten, lokale und überörtliche Initiativen: Die Bürgerrechtsbewegung der 1960er Jahre hat sich aus unterschiedlichen Akteuren zusammengesetzt. Deren Anführer waren zwar auch freundschaftlich, aber vor allem zweckrational miteinander verbunden. King ist nicht der Kopf sämtlicher Organisationen gewesen. 1964 urteilt das *Time Magazin*, dass King nicht so brillant gewesen sei wie Randolph, nicht so spitzfindig wie Yong, nicht so erfinderisch wie Farmer oder so entschlossen wie Lewis. Ella Baker ist sogar überzeugt davon, dass erst die Bürgerrechtsbewegung King zu dem gemacht habe, was er geworden sei.

Richtig ist, dass er nicht im Bus sitzen blieb wie Rosa Parks. Er ist auch nicht der Erste, der zu einer Freiheitsfahrt aufgebrochen war. Auch wenn King als zögerlich galt, hat er mit seinem diplomatischen Geschick doch für einen Interessenausgleich zwischen den Organisationen gesorgt. Mit seiner Ausstrahlung und Persönlichkeit hat er nach außen ein homogenes Bild vermittelt. »Da, wo er war, wurde die Bewegung sichtbar«, urteilt Dietrich. Aufgrund seiner Reisen, Reden, Veröffentlichungen und Medienauftritte hat er eine umfassende Präsenz erlangt. Und dies, obwohl er auf kein fertiges Konzept zurückgreifen konnte. Seine Aktionen und die Stufenpläne hat er gemeinsam mit seinen Mitarbeitern nach dem Prinzip »Versuch und Irrtum« entwickelt. Durch seine verbindliche Art und seine Bereitschaft, Einblicke in sein Familienleben zu gewähren, hat er auch bei den Medien eine hohe Glaubwürdigkeit erreicht. »That guy is really good« (»Der Typ ist wirklich gut«), fand selbst John F. Kennedy nach einem Fernsehbericht über King.

Der Baptistenprediger Martin Luther King ist viel zu stark mit der Kirche verwurzelt, als dass es ihm hätte gelingen können, die Bürgerrechtsbewegung zu vereinen. Doch das Kräfteverhältnis zwischen ihm und der Bewegung ist ausgeglichen: Die Bewegung macht ihn zu einem einflussreichen Kämpfer für Gerechtigkeit – hätte er diese Funktion nicht so gut ausgefüllt, wäre er nicht so erfolgreich gewesen.

Bei aller Anerkennung muss man aber auch festhalten, dass Martin Luther King in mancherlei Hinsicht hinter den eigenen Erwartungen und Ansprüchen zurückgeblieben, der Mythos brüchig ist. Er hat nicht wie Mahatma Gandhi gelebt, der seine eigenen Bedürfnisse ganz der Sache unterordnete. Dazu hat King gutes Essen und elegante Kleidung viel zu sehr geliebt. Er hat zwar keinen großen Wert auf Besitz gelegt – was durchaus zu Konflikten mit seiner Frau Coretta führte, die an die Ausbildung ihrer vier Kinder dachte. Doch Kings Begeisterung für Gandhi ist nicht so weit gegangen, dass er seinem Idol in jeglicher Hinsicht nachgeeifert hätte.

Was Frauen betrifft, fällt auf, dass King einem männlich-chauvinistischen Muster gefolgt ist. Dies ist für seine Zeit sicherlich nicht ungewöhnlich gewesen, überrascht aber angesichts seiner klaren Haltung zur Gleichberechtigung von Schwarzen und Weißen – eine Überzeugung, die nicht weit entfernt ist von dem Gedanken der Gleichberechtigung zwischen den Geschlechtern. Was Emanzipation angeht, ist Coretta ihrem Mann weit voraus, wie ihr Leben vor der Ehe und als Witwe beeindruckend belegt.

In seinen Predigten hat King den Wert der ehelichen Treue hervorgehoben, doch privat hat er verschiedene Affären und Liebschaften unterhalten. Einige Biografen weisen darauf hin, dass seine Ehe in den 1960er Jahren wegen einer festen Beziehung zu einer anderen Frau in eine ernsthafte Krise geraten war. Einem Freund gegenüber hat King zugegeben, dass sein Leben durch eine Art von Dualismus bestimmt werde. In der menschlichen Natur gibt es eine seltsame Mischung, hat King später in der Ebenezer Church gepredigt: »Es gibt etwas Gutes im Schlimmsten von uns und etwas Böses im Besten von uns.« Die Last des Lebens sei es, »die Oberhand weiterhin dem höheren Selbst zu überlassen. Lasst nicht das niedrige Selbst das Kommando übernehmen«.

Coretta, die nach der Ermordung ihres Mannes ein Buch über das gemeinsame Leben verfasst hat, bleibt ihm gegenüber loyal und verliert über seine Untreue – wie auch schon zuvor – kein Wort in der Öffentlichkeit. Stattdessen gewährt sie einen interessanten Blick in Kings Bewertung von Familie: Ein Mann, »der sich einer Sache verschreibt, braucht keine Familie«, habe er einmal zu ihr gesagt. Doch offenbar hat sie sich durch diese Aussage nicht zurückgewiesen gefühlt, obwohl sie für ihn ihre Karriere aufgegeben hat. Selbstbewusst erklärt sie in ihrem Buch, er habe für die Bewegung gelebt und der Familie gegenüber ein schlechtes Gewissen gehabt: »Aber ich wusste, dass Martin uns braucht.«

Während manche Historiker betonen, dass es Martin Luther King wichtig gewesen sei, von der Öffentlichkeit geschätzt und bewundert zu werden, hat Coretta seine Bescheidenheit hervorgehoben. Für sie steht fest, dass ihr Mann ein Mensch war, den die Massen begeistert verehrten: »Für viele unter ihnen war er der Präsident der Neger.«

Auch wenn Coretta ihren Mann ein Stück weit verklärt, ganz unkritisch hat sie ihn nicht gesehen. Sie berichtet, wie auch sie sich in Birmingham an den Protestaktionen beteiligen wollte und bereit war, für ihre Überzeugung ins Gefängnis zu gehen. Doch Martin Luther King war damit nicht einverstanden. Solange die Kinder klein sind, sollte sie sich als Mutter nicht einsperren lassen. Manchmal, schildert Coretta Scott King, sei es ihr so vorgekommen, als ob sie nicht wirklich an der Bewegung teilhaben konnte, weil ihr solche wichtigen Erfahrungen gefehlt haben.

Beim Marsch auf Washington ist sie zwar dabei gewesen, doch vor Ort hielt Martin Luther King sie erneut auf Distanz: Während die Männer den Demonstrationszug anführten, war für sie noch nicht einmal ein Sitzplatz auf der Tribüne reserviert. Nach der Kundgebung fuhren die Kings und andere Bürgerrechtler im Taxi zum Treffen mit Präsident Kennedy. Doch kurz vor dem Weißen Haus musste Coretta aussteigen. Da sie nicht eingeladen sei, dürfe sie an dem offiziellen Termin nicht teilnehmen, ließ ihr Mann sie wissen und schloss sie damit erneut aus. Daraufhin musste sie stundenlang im Hotel auf seine Rückkehr warten.

In Bezug auf seine Männlichkeit ist sie davon überzeugt, dass er nicht unter Minderwertigkeitskomplexen gelitten hat: »Er ließ mich eine richtige Frau sein, da er in jeder Hinsicht ein richtiger Mann war«, schreibt sie. Doch kurz nach der Hochzeit habe er gesagt: »Ich möchte, dass mich meine Frau als Familienvorstand anerkennt. Ich *bin* der Familienvorstand.« Coretta beschreibt, dass beide über die »etwas pompöse Rede« gelacht hätten und er daraufhin zurückgesteckt habe: »Natürlich meine ich das nicht im Ernst. Schließlich sollte die Ehe auf Gegenseitigkeit beruhen.«

Doch Corettas Leben scheint als Witwe selbstbestimmter verlaufen zu sein als während ihrer Ehe. Sie gewinnt an eigenem Profil. Auch sie hat zahlreiche Ehrentitel verliehen bekommen und sich in den 1980er Jahren gegen Apartheid engagiert. Sie hat Winnie Mandela in Südafrika getroffen und Präsident Ronald Reagan zu Sanktionen gegen das Apartheidsregime gedrängt. Darüber hinaus hat sie sich bis zu ihrem eigenen Tod am 30. Januar 2006 für das Andenken ihres Mannes eingesetzt.

Sie hat zwei Bücher über die gemeinsame Zeit verfasst, die Herausgabe seiner Schriften vorangetrieben und in Atlanta das *Martin Luther King junior Center for Nonviolent Social Change* (*The King Center*) gegründet. Die historische Anlage, zu der auch das Geburtshaus von King gehört, erstreckt sich auf insgesamt fast sechs Hektar und wird jedes Jahr von rund einer Million Menschen besichtigt. 1980 ist die Stätte zum Ort von nationalhistorischer Bedeutung erklärt worden.

Auf dem Gelände ist neben einer Kapelle auch die Krypta untergebracht, in der Martin Luther King 1970 bestattet wurde und wo auch Coretta ihre letzte Ruhestätte gefunden hat. Im King Center gibt es eine Ausstellung über die Bürgerrechtsbewegung, eine Tagungsstätte, die King-Bücherei sowie ein umfassendes Archiv. Die ewige Flamme symbolisiert die »Beloved Community«, Kings Vision einer gerechten Welt mit Frieden und Gleichheit für alle. 1987 hat die *Martin Luther King junior Memorial Foundation* das Lorraine Motel gekauft und daraus das *National Civil Rights Museum* gemacht.

Doch im Umgang mit dem Erbe ist die Familie King auch in die Kritik geraten: In den 1980er Jahren hat Coretta Scott King über 80 000 Dokumente von der Universität Boston zurückgefordert, die der Bürgerrechtler selbst seiner Alma Mater überlassen hatte. Auch von seinem Sekretär hat sie die Rückgabe von rund hundert Gegenständen verlangt – in beiden Fällen ist sie jedoch vor Gericht unterlegen.

Nach dem Tod der Mutter 2006 hat sich die Familie auch

untereinander zerstritten. Die drei noch lebenden Kinder Dexter, Bernice, Martin Luther III. haben mehrfach vor Gericht gegeneinander prozessiert, dabei ging es um den Nachlass, die Lizenzen und Dokumente ihres Vaters. Sogar der frühere US-Präsident Jimmy Carter hat in dem Streit zu vermitteln versucht. In einem Fall ging es darum, ob die von ihrem berühmten Vater kommentierte Bibel und seine Friedensnobelpreismedaille verkauft werden dürfen.

2013 haben die Kinder zu verhindern versucht, dass der langjährige Freund und Förderer ihres Vaters, Harry Belafonte, drei King-Dokumente, die sich in seinem Besitz befanden, für einen guten Zweck versteigern ließ. Daraufhin übergab Belafonte die Angelegenheit seinem Anwalt. Den Kindern hat er vorgeworfen, die Werte ihres Vaters zu missachten. 2014 haben sich die Parteien darauf geeinigt, dass die Papiere Belafonte gehören. »Diese Papiere sind ja nur Symbole«, hat der Sänger der *New York Times* gesagt: »Eigentlich geht es darum, was aus den Kindern wurde. Und ich habe den Eindruck, dass Martin in diesem einen Feld versagt hat.«

Was ist auf politischer Ebene nach dem Tod von Martin Luther King von der Bürgerrechtsbewegung geblieben? Der *Civil Rights Act* hat auch Afroamerikanern gute Ausbildungen ermöglicht. In der Folge hat sich ihre wirtschaftliche Lage verbessert, die schwarze Mittelschicht nahm zu. Der *Voting Act* hat sich auf die politische Mitbestimmung der Afroamerikaner ausgewirkt. Nach 1965 verdoppelte sich die Zahl der schwarzen Wähler im Süden der USA in kurzer Zeit. Wähler mit afroamerikanischen Wurzeln gelingt es seither immer wieder, starken Einfluss auf den Ausgang von Wahlen zu nehmen, bekannte Beispiele sind die Präsidentenwahl von Jimmy Carter (1976) und Bill Clinton (1992). Auch die Zahl schwarzer Politiker stieg

Zeittafel

15. Januar 1929: Martin Luther King jr. in Atlanta, Georgia, geboren

1944: Studienbeginn am Morehouse College, Atlanta

1947: Ordination, Hilfsprediger in Atlanta

1948: Studium der Theologie am Crozer-Theologischen Seminar

1951: Beginn der Doktorarbeit an der Universität Boston

18. Juni 1953: Hochzeit mit Coretta Scott

1. September 1954: Antritt der Pfarrstelle in Montgomery, Alabama

5. Dezember 1955: Beginn des Busstreiks von Montgomery

30. Januar 1956: Bombenattentat auf das Haus der Familie King

1957: King wird Präsident der SCLC

1958: Kings Buch »Stride Toward Freedom: The Montgomery Story« erscheint; **20. September:** Attentat in Harlem, New York

nach dem *Voting Act* – schwarze Bürgermeister und Kongressabgeordnete nahmen an vielen Orten ihre Arbeit auf. Mit Barack Obama zog 2009 der erste afroamerikanische Staats- und Regierungschef ins Weiße Haus ein.

Doch trotz positiver Tendenzen und Entwicklungen gehört der Rassismus in den USA noch immer nicht der Vergangenheit an, wie Beispiele auch aus der jüngeren Vergangenheit belegen: In den 1990er Jahren ist es verstärkt zu Rassenunruhen gekommen. Im Juli 2016 ist ein 37-jähriger Schwarzer nach seiner Verhaftung von Polizisten erschossen worden. Im Sep-

1959: Reise nach Indien; Umzug nach Atlanta

1960: J. F. Kennedy setzt sich für Freilassung des inhaftierten King ein

1962: Aktion in Albany endet als Misserfolg

1963: Kampagne in Birmingham, Alabama, Buch *Strength to Love* erscheint; **28. August:** Marsch auf Washington, King hält seine Rede *I have a dream*

1964: *Why We Can't Wait* erscheint;
September: King in Deutschland, Empfang beim Papst in Rom **10. Dezember:** Verleihung des Friedensnobelpreises in Oslo

1965: Kampagne in Selma, Alabama; FBI geht gegen King vor

1966: Aktion in Chicago, Familie King bezieht Slumwohnung

1967: Reden gegen Vietnamkrieg, Teilnahme am Friedensmarsch in New York

4. April 1968: King wird in Memphis, Tennessee, erschossen

tember 2016 starb ein 43-jähriger Afroamerikaner nach tödlichen Schüssen durch Polizisten. Die Juraprofessorin Michelle Alexander hat mit ihrem Buch *The New Jim Crow* eine neue Rassismus-Debatte angestoßen. Darin stellt sie die These auf, dass Politiker und Justizbeamte junge Afroamerikaner kriminalisieren und sie unter dem Vorwand, Drogen zu bekämpfen, ihrer Grundrechte berauben. Bürgerrechtler befürchten, alte Ungerechtigkeiten würden so mit neuen Instrumenten bestärkt werden.

In der öffentlichen Erinnerung wird Martin Luther King

heute in erster Linie als gewaltfreier Kämpfer für die Gleichberechtigung der Rassen wahrgenommen. Dass er sich in seinen letzten Lebensjahren aber auch für sozialrevolutionäre Strukturveränderungen stark gemacht und eine Korrektur der Werte gefordert hat, um soziale Gerechtigkeit zwischen Klassen und Rassen zu erlangen, wird dabei oft vergessen.

Dabei ist Martin Luther King auch nach seinen Tod vielfach ausgezeichnet worden: Ihm wurde die Freiheitsmedaille verliehen, die höchste zivile Auszeichnung der USA, und der Menschenrechtspreis der Vereinten Nationen. 1986 ist der dritte Montag im Januar zum nationalen Feiertag *Martin Luther King Day* erklärt worden. Am 16. Oktober 2011 hat Präsident Barack Obama in Washington D. C. am Tidal Basin an der National Mall das *Martin Luther King junior National Memorial* eingeweiht. Damit ist King der fünfte US-Amerikaner und der erste Afroamerikaner, dem in der Bundeshauptstadt ein Denkmal errichtet wurde.

Manche Historiker sind davon überzeugt, dass es solche Gedenktage sind, die dazu beitragen, Kings politisches Erbe weichzuspülen. Diese eindimensionale Form der Anerkennung habe das sozialrevolutionäre Erbe verdrängt. Die von Martin Luther King geforderte Revolution des amerikanischen Wertesystems würde Steuererhöhungen und Einkommensumverteilungen erfordern, betont Waldschmidt-Nelson, »denen die Mehrheit der USA niemals zustimmen würde«. Und der King-Biograf David L. Lewis urteilt schon Ende der 1970er Jahre, Martin Luther Kings »Heiligsprechung durch die Nation« sei an einen Punkt gekommen, »wo sie zur üblen Nachrede wird. Irgendwie suchen wir uns seiner zu erinnern, indem wir ihn vergessen«.

Lektüretipps

Alexander, Michelle: The New Jim Crow. Masseninhaftierung und Rassismus in den USA. München 2016.

Branch, Taylor: Pillar of Fire. America in the King Years 1963–65. New York 1998.

Carson, Clayborne (Hrsg.): The Autobiography of Martin Luther King, Jr. London 2000.

Dietrich, Tobias: Martin Luther King. Paderborn 2008. (UTB Profile. Bd. 3023.)

Fairclough, Adam: Martin Luther King, junior, Athens, Georgia 1995.

– To Redeem the Soul of America. The Southern Christian Leadership Conference and Martin Luther King, Jr. Athens, Georgia 1987.

Finzsch, Norbert / James O. Horton / Lois E. Horton: Von Benin nach Baltimore. Die Geschichte der African Americans. Hamburg 1999.

Garrow, David J.: The FBI and Martin Luther King, Jr. From »Solo« to Memphis. New York / London 1981.

– Bearing the Cross. Martin Luther King, Jr., and the Southern Christian Leadership Conference. New York 1986.

King, Martin Luther sen.: Aufbruch in eine bessere Welt. Die Geschichte der Familie King. Berlin 1984.

King, Martin Luther: Stride towards Freedom. New York 1958. [Dt.: Freiheit. Von der Praxis des gewaltlosen Widerstands. Wuppertal [2]1984.]

– The Measure of a Man. Philadelphia 1959.

King, Martin Luther: Stength to Love. New York 1963. [Dt.: Kraft zum Lieben. Konstanz 1980.]

– Why We Can't Wait. New York 1964. [Dt.: Warum wir nicht warten können. Frankfurt a. M. 1965.]

– Where Do We Go from Here: Chaos or Community? New York 1967. [Dt.: Wohin führt unser Weg. Chaos oder Gemeinschaft? Frankfurt a. M. 1968.]

– The Trumpet of Conscience. New York 1968. [Dt.: Aufruf zum zivilen Ungehorsam. Düsseldorf/Wien 1993.]

Presler, Gerd: Martin Luther King: mit Selbstzeugnissen und Bilddokumenten. Reinbek bei Hamburg [17]2014. (Rowohlt Monographien.)

Scott King, Coretta: Mein Leben mit Martin Luther King. Stuttgart 1970.

The Martin Luther King, Jr. Research and Education Institut der Stanford University: https://kinginstitute.stanford.edu/

Waldschmidt-Nelson, Britta: Martin Luther King – Malcolm X. GegenSpieler. Frankfurt a. M. 2000.

Zitelmann, Arnulf: »Keiner dreht mich um«. Die Lebensgeschichte des Martin Luther King. Weinheim/Basel [3]2003.